ヒューム哲学の方法論

印象と人間本性をめぐる問題系

Methodology of Hume's Philosophy:
The Problematics concerning
Impression and Human Nature

豊川祥隆
Yoshitaka Toyokawa

ナカニシヤ出版

目次

目　次

第二部　人間本性を離れて

凡　例

●ヒュームの著作の引用、参照については、以下のものを使用した。各著作の邦訳については、参考文献表内「①ヒュームの著作」に記載されたものを用いた。

Hume, David [2000], *A Treatise of Human Nature*, David Fate Norton and Mary J. Norton [eds], [Oxford: Oxford University Press].

本書内では『本性論』と略記した。また、テキストを引用する際、T. 巻数 . 部 . 節 . 段落と略記した。また、『本性論』序文 [Introduction] からの引用は、T.I. 段落と略記した。『付録』[*Appendix*] からの引用は、本文中に組み込まれている箇所については段落後に Ap を付記し、本文の後にまとめられた箇所については Ap. 段落と略記した。

—— [2000], *An Abstract of a Book Lately Published, a Treatise of Human Nature*, in *A Treatise of Human Nature* [Oxford: Oxford University Press].

本書内では『摘要』と略記し、引用の際、Ab. 段落と略記した。

—— [1999], *An Enquiry concerning Human Understanding*, Tom L. Beauchamp [eds.], [Oxford: Oxford University Press].

本書内では『知性研究』と略記し、テキストを引用する際、E. 節 . 段落と略記した。

—— [1998], *An Enquiry concerning the Principles of Morals*, Tom L. Beauchamp [ed.], [Oxford: Oxford University Press].

本書内では『道徳研究』と略記し、テキストを引用する際、EPM. 節 . 段落と略記した。また、『付録』[*Appendix*] からの引用は、EPMAp. 節 . 段落と略記した。

—— [1987], *Essays, Moral, Political, and Literary*, Eugene F. Miller [ed.], [Indianapolis: Liberty Fund].

本書内では『エッセイ』と略記し、テキストを引用する際、Es. 頁と略記した。

—— [2009], *A Dissertation on the Passions, The Natural History of Religion*, Tom Beauchamp [ed.], [Oxford: Clarendon].

本書では、後者の著作を『自然史』と略記し、テキストを引用する際、それぞれ D. 節 . 段落、NH. 節 . 段落と略記した。

—— [2011], *The Letters of David Hume vol. 1*, J. Y. T. Greig [ed.], [Oxford: Oxford University Press].

テキストを引用する際、L. 書簡番号 . 頁と略記した。

—— [1964], *My Own Life, in The Philosophical Works*, T H. Green and T. H. Grose [eds.], vol. 3 [Aalen: Scientia Verlag].

テキストを引用する際、MOL. 頁と略記した。

●ロックの著作の引用、参照については、以下のものを使用した。著作の邦訳については、参考文献表内「②ヒューム以外の著作」に記載されたものを用いた。

Locke, John [1979], *An Essay concerning Human Understanding*, Peter H. Nidditch [ed.], [Oxford: Oxford University Press].

テキストを引用する際、EHU. 巻数 . 章 . 節と略記した。

● *Oxford English Dictionary* からの参照は、OED. XII.positive のように、OED. 巻数 . 項目と略記した。

●それ以外の著作の引用、参照については、[著者 年号：頁] の形式で引用、参照箇所を提示し、文献は参考文献表に示した。

●引用、参照の際の強調は、おもに傍点強調によって行い、強調を行った主体はそれぞれ引用、参照箇所の提示のあとに付記した。ただ、引用、参考著作の著者と筆者の両者が強調を行う場合、著者の強調を太字強調によって示した。

●引用、参照の際の筆者による補足については、指示代名詞の内容の補足を亀甲括弧〔 〕で行い、それ以外の内容の補足を通常の括弧（ ）によって行った。また、原文を指示する際は、大括弧［ ］によって行った。

序

本書は、スコットランドの哲学者であるデイヴィッド・ヒューム〔David Hume 1711-76〕の哲学における「印象〔impression〕」と「人間本性〔human nature〕」概念に着目して、ヒューム哲学の主張とその手法を検討するものである。ただ、その内容に入る前に、簡単ではあるが、ヒューム自身について簡単に紹介しておきたい。ヒュームは一七一一年、スコットランドのエディンバラに生まれ、エディンバラ大学へと進学する。そこで法学を学ぶよう期待されていたヒュームであったが、本人の関心は、次第に哲学や文学へと向けられていった。そのあとヒュームはイングランドのブリストル、次いでフランスへと渡り、かつてデカルトがいたラ・フレーシュに滞在、最初の哲学的主著である『本性論〔*A Treatise of Human Nature*〕』〔1739-40〕を著す。しかしこの作品は、ヒュームみずから「印刷機から死産した〔*dead-born from the press*〕」（MOL.2; 傍点強調はヒュームによる）というように大失敗に終わり、ヒュームはしばらく哲学をはなれ、政治や経済、文学、そして道徳についてのエッセイに取り組む。このエッセイは政治的にある程度の注目をあびる。続けてヒュームは、『知性研究〔*An Enquiry concerning Human Understanding*〕』

〔1759〕、『道徳研究〔*An Enquiry concerning the Principles of Morals*〕』〔1751〕を出版し、こちらは一定の評価をえた。ヒュームは終生大学での教授職をえることはなかったが、エディンバラの図書館長や外交官を務めながら、『イングランド史〔*The History of England*〕』〔1754–62〕、『宗教の自然史〔*The Natural History of Religion*〕』〔1757〕、『自然宗教に関する対話〔*Dialogues concerning Natural Religion*〕』〔1779〕などを著している。特に『イングランド史』はかなりの人によって読まれ、ヒュームは歴史家としても名高い。そして一七七六年、エディンバラにて六五歳の生涯を閉じる。以上の簡潔な経歴以外のことでは、まず第一にルソーとの交流が挙げられよう。外交官時代にフランスに渡ったヒュームは、パリでルソーと会い、一時ルソーをイギリスに連れて帰るなど、二人の親交はかなり深いものであった。結局この関係は破綻してしまうが、二人の哲学には、人間の「理性」に強く頼らないという態度が共有されているなど、なかなか興味深い一致がある[1]。

さて、以上挙げた著作のなかで、哲学的な主著ともいえるような『本性論』、『知性研究』、『道徳研究』を通じて、ヒュームは大きな哲学的転向をしていないといってよい。そしてそうした著作のなかで描かれる哲学は、哲学史上、デカルトに始まり、主観の領域からものごとを見ることを特徴とする近世・近代哲学、そして特にイギリスで興隆した経験論の流れを汲み、それらの論理を極端にまで押し進めた哲学として有名である。その「極端にまで押し進めた」という点は、「印象」を中心とするというヒューム自身の哲学の基本的態度に明確にみてとれる。すなわちヒュームは、われわれの知覚の一切を、主観的な「印象」と「観念」とに分ける〔Cf. T.1.1.1f. E.2.1f〕一方で、「認識を構成する印象を指摘する」〔Cf. T.1.1.1.12. E. 2.9〕ことを、われわれの認識の一種の正当化の手段と考える。いくぶん簡単な特徴づけになるが、印象は、われわれ一人ひとりに現れる感覚や感情、感じであり、また観念は、それらを想像したり思い起こしたものである。例えば、リンゴを目の前に見ているときに存在する赤い色や形の知覚は、それぞれ色、延長の印象であり、それを頭のなかで想像するとき、赤い色の観念、形の観念をわれわれは知覚している。それゆえ、ヒュームの哲学的方法は、ある認識や概念を正当化する際に、何らかの感覚や感情、感じに立ち返ることを目指すものであるといえる。そしてヒュームは、この方法を、われわれのあらゆる思考に適用する。つまり、日常的、哲学的に用いられるさまざまな認識や概念が、最終的には、感覚や感じのような印象によって構成されていることを示すことが求められる。その意味で、ヒューム哲学の基礎は、まさに印象にあるといっても過言ではなく、その手法は、人間の心に立脚する近世・近代哲学と、経験論の二つの潮流に棹差したものである。

しかし他方、印象を基礎とするヒュームの主観的で経験論的な態度は、哲学史上、さまざまな批判にさらされてきた。そして同時に、その批判を通じて、ヒュームを懐疑論者であると解釈する立場も確立されてきた。つまり、ヒュームは、「人間本性の探求」という目的を議論の出発点としながら[Cf. T.I.4f]、最終的に、われわれの認識にとって重要な外的対象、因果性、自我の存在を否定する哲学者であるというのである。このような解釈は、ヒュームと同時代人であるリードやビーティに端を発し、二十世紀にいたるまで広く受け入れられてきた。例えば、ヒュームと同郷かつ同時代の哲学者であるトマス・リードの著作のなかでは、「物体も心も存在せず、本来は何もかも観念と印象にすぎないと主張する」[Reid

［1］その他の詳細なヒューム像については、泉谷［一九九六］が詳しい。

2002: 63] ヒュームは、たびたび懐疑論者として扱われる。近い時代における別の批判としては、「懐疑論に完全に身をゆだねた [ergab sich gänzlich dem Skeptizismus]」(A 95/B 128)」とヒュームを評したカントの言葉が特に有名であろう。また、自身も第一線で活躍していた哲学者のバートランド・ラッセルも、ヒュームをイギリス経験論の系譜に位置づけた上で、次のように評している。

デイヴィッド・ヒューム [1711-76] は、哲学者のなかでももっとも重要な一人であるが、それは、彼〔ヒューム〕がロックとバークリの経験論的哲学を、その論理的な結論にまで発展させ、そしてその哲学を首尾一貫したものとしたがために、〔その哲学を〕信じがたいものにしてしまったからである。彼〔ヒューム〕は、ある意味では、行き詰まりの象徴である。彼〔ヒューム〕の方向性では、それ以上うまくいくことは不可能なのである。[Russell 1961: 634. 亀甲括弧による補足は筆者による]

さて、のちにみるように、二〇世紀初頭になってケンプ・スミスによるヒューム哲学の自然主義解釈が打ち出されて以降、ヒューム哲学の懐疑論的側面を強調する解釈は、少なくとも支配的なものではなくなった[2]。とはいえ、この自然主義解釈の論者のうち、ある者は、ヒューム哲学から主観的な印象、観念を切り離し、それによりヒューム哲学の難点を無力化することを試みる。それゆえ、その立場をとる自然主義解釈は、ヒュームの哲学的な試みそれ自体から生じる問題を解決することに、積極的に取り組むものとはいえない。その解釈では、ヒューム哲学がもともともっていた経験論的側面を捨て去ってしまうために、同様にヒュームが有していた哲学的意図を見誤り、結果としてヒューム哲学の意義を看過しているように思われるからである。

ところで、懐疑論解釈や自然主義解釈とは別に、ヒューム哲学のうち、とりわけ非現象主義的側面に着目しながら、ヒューム哲学の不備についての批判に応答しようという試みもなされてきている。[3] このような解釈では、あくまでヒュームのいう印象や観念を哲学的体系に残しつつ、そのあり方を再考することで、ヒューム哲学の整合性を取り戻そうとする。本書の目的の一つは、このような解釈とともに、ヒューム哲学の印象‐観念の体系に着目し、おもにヒュームの印象、観念概念の用法を分析することで、それらの概念が、感覚や感じとしては現れないものの把握に、いかにして関わりうるかについて論じることを通じて、ヒューム哲学の意義や限界点を探ることにある。そして、本書では、この考察にあたり、ヒューム哲学の「第一原理」［T.1.1.1.12; Cf. E.2.5］であり、他の哲学説への批判を行う際に用いられる「コピー原理」を意識し、その原理がヒュームによって適用される場面に注意した。第二章で詳しく扱うが、この原理は、「初めてわれわれに現れるすべての単純観念は、それに対応し、それが正確に表象するところの単純印象に由来する」［T.1.1.1.7］と定式化され、われわれのさまざまな認識や知識を印象に遡及することで基礎づけようとするヒュームの手法の基盤をなしている。それゆえ、本来この原理は、ヒューム哲学の体系のすみずみに浸透しているべきものである。しかし、ヒューム哲学の基盤となるという

［2］ヒューム哲学の懐疑論解釈や自然主義解釈については、本書第三章を参照。
［3］本書で詳細にとりあげることはしなかったが、ヒュームの意図を汲みつつ、ヒュームの観念説を擁護する論者には、例えばギャレット［Cf. Garrett 2002: 3–75］がいる。

性質上、ヒューム哲学への批判の多くは、この原理にも関連してくる。また、そもそもヒューム自体、コピー原理を厳密に適用しているとはいえない場合も多い。そのような事情を踏まえ、第一部全体の考察を通じて、最終的に筆者は、次のことを主張する。すなわち、ヒュームの哲学的意図を加味し、あくまでヒューム哲学を可能なかぎり整合的に解釈しようとするなら、この原理に対しては、部分的な修正を加える必要がある。そしてその修正は、同時に、主観的かつ現象主義的だと目されるヒューム哲学が、いかに現象として現れないものの認識にたずさわりうるかの問題に関連するのである。

本書のもう一つの狙いは、本書の第一の目的である印象と観念の体系の考察を踏まえ、印象と観念、そしてそれらが構成する体系が、実際に人間本性の探求にどのように活かされているかを確認することにある。ヒュームの観念説[4]が提示する印象や観念は、われわれが本性的に、いいかえれば、(健康な)人間であるならば自然に、獲得しうるものだと考えられている。そのような印象や観念として、例えば、外的感覚である五感や、喜びや怒りといった感情、そしてそれらを想像したり想起したものが挙げられる。一方、ヒュームのテキストのなかには、「人間本性に基づく人間」という自身の研究対象から離れ、ヒュームが異なる視点から人間を眺めているようにみえる箇所がある。その場合、ヒュームは、あくまで本性的な原理に立脚する立場を保持できていることもあれば、日常的に現れるその原理に反することを主張することもある。そして後者の場合、人間本性を印象と観念という概念を用いて考究するという本来の目的を逸脱することになるため、その点では、ヒュームは批判されるべきであると思われる。そこで本書の第二部では、このような事情を踏まえ、次のような考察を行った。すなわち、ヒュームが論じるさまざまな主題のうち、必ずしも人間本性に直接由来するようにはみえない「因果規則」、「無差別の自由」、「偶然」に具体的に着目して、実際にヒュームが、最初に定めた目的である人間本性の探求に根差しているかどうか、ヒュームが議論において実際に何を意図し、いかなる前提に基づいているか、そして、あくまで人間本性の探求という目的を保持しようとするのであれば、どのような修正が考えられるかについて、批判的に考察した。その際に手がかりとしたのは、ヒュームがしばしば対比的に用いる「一般人」と「哲学者」という概念である。一般人は、われわれの日常的な知覚、認識を担う主体として考えられている一方、哲学者は、特に「理性」を用いて、日常とはかけ離れた思考に従事する主体として考えられている。この区分のかぎりでは、本来ヒュームが考察すべき対象は一般人の方であるが、テーマによっては、一般人のあり方と対立する哲学者の思考が積極的にとりあげられる場合がある。それゆえ、一般人と哲学者という概念の間でヒュームが揺れ動いていることは、人間本性の探求という目的に対するヒュームの問題意識に大きく関わってくる。それとともに、この批判を通じて、それまで論じてきたヒュームの観念説という枠組みが抱える一定の限界が示されることになる。それは、「人間は本来どういう存在であるか」という問いから出発する哲学、そしてそれを吟味するための原理である観念説に由来する制限であり、それはとりもなおさず、ヒューム哲学自体の限界を画定するものとなるのである。

[4]「観念説」という言葉は、英語の 'theory of ideas' に対応している。哲学の用語としては、「観念論」という言葉がより広く使われているが、あえて「観念説」を「観念論［idealism］」と区別するのは、神野にならって（神野 一九九三：一一-一二）、特にドイツ系の観念論哲学との区別をはかるためである。それゆえ、本書で「観念説」というとき、それは、とりわけデカルトやロック、バークリの思想の流れを汲んだ体系であることを念頭においている。

以上のように、本書の目的は二つに分かれている。そこで、本書の構成も、目的に応じて二部に区分される。以下に示すように、本書は七つの章によって構成されるが、そのうちの第一章から第四章までが第一部（印象の論理）、第五章から第七章までが第二部（人間本性を離れて）にあたる。

第一章（「実定性」の問題——黒の認識をめぐって）では、ヒュームが知覚の一つの特質である「実定性」という概念に触れる箇所に着目した。ヒュームが純粋に現象主義的な観念説をとるなら、そもそも知覚の実定性は、すべての知覚が実定的である以上、論じるまでもない性質である。しかしこの概念や、実定的ではない知覚をヒュームが論じる箇所は確かに存在する。この事実は、ヒュームが観念説の枠組みを用いるとき、確かに現象以上のものを認識の対象として考えている証拠となる。ただ、ヒュームが実定性に言及する箇所は非常に限定的であるため、同様に観念説をとるロックが、自然学的観点から観念の実定性を論じる箇所を参考にしつつ、ヒューム哲学における知覚の実定性／非実定性について考察した。

第二章（ヒュームの関係理論再考——関係の印象は可能か）では、第一章において問題として残った関係の知覚を論じた。既述のように、ヒューム哲学の基礎は印象にある。一方、われわれがある関係性を認識することを説明するため、ヒュームは「関係の観念」という概念を用いる。すると当然、「関係の観念」があるのであれば、それに対応する関係の印象はあるのか」という疑問に行き着く。しかしこの問いは、関係の観念についての研究が広く行われてきた一方で、ほとんど顧みられなかったといってよい。というのも、観念説や、ヒュームが第一原理とする「コピー原理」に基づけば、そのような印象の存在は望めないからである。ただ筆者は、直観による関係の把握や、必然的結合の印象の例をもとに、あくまで「関係の印象は存在する」という立場をとりつつ、その主張が成立するためには、ヒュームが哲学的原理においてどのような譲歩を必要とするか、考察した。

第三章（ヒュームの自然主義解釈の再考）では、第二章の考察結果を踏まえつつ、ヒューム哲学解釈の一つの立場である自然主義解釈をとりあげ、その主張を吟味した。ヒュームの自然主義解釈といっても、その起源であるケンプ・スミスから、彼に続く解釈者であるストラウドやマウンスの間には、解釈上の論点に差異がある。後者の立場は、ケンプ・スミスの解釈の不明瞭さを排するため、ヒューム哲学の印象－観念の体系のうち、経験論的側面を消極的に扱う。ただ、この方針をとると、一般にわれわれに共有される知覚作用一般を経験のなかで実感できるという事実を、哲学体系の正しさの基準とするヒュームの意図を捉えそこなってしまう。そこで筆者は、第二章でも用いた「穏やかな情念」の性質を踏まえ、印象の性質をより広義にとることで、ストラウドやマウンスの批判をかわしつつ、この二者の解釈に欠けているヒュームの意図を救い出すことを試みた。

第四章（必然的結合のゆくえ――その印象と観念の関係）では、ヒュームの因果論において現れる「必然的結合」の知覚について論じた。ヒューム哲学の必然的結合は、ヒュームの因果論における鍵概念であるが、ヒューム自身の議論の不明瞭さにより、その解釈にも困難を伴う。実際に、ヒューム解釈者の多くは、必然的結合の知覚が、ヒュームの印象－観念の体系の失敗の具体例であると考える。そこで本章では、第二章、第三章の考察内容を踏まえ、コピー原理の適用に対して一種の修正を施すことを念頭におきつつ、必然的結合の知覚の性質について考察した。またこの際、ロック哲学における物体の「固性」

観念を参考にしながら、二者に共通している経験論的方法をもとに、ヒュームが必然的結合の印象、観念を論じるにあたり、何を意図しているかについて考究した。

第五章（ヒューム哲学における二つの「原因」）では、ヒュームが、自身の因果論の結論部において、原因概念を「定義する」際に現れる原因と、そのすぐ後で、因果関係についての判断規則を提示する際の原因を対比的に論じた。前者の原因は、もっぱらわれわれの本性的な因果推論をもとに形成される一方、後者の原因は、本性的なものに由来する原因概念とは根本的に異なる意味をもつ。この二つの概念は、同じ「原因」を指示しているが、それらが含意する関係性、それらに到達するために必要な認識原理、そしてそれらが担う役割について、差異がみられる。そしてその差異は、ヒュームが、日常場面に根差した人間が依拠する人間本性の原理の探求から、理性による反省が関わる領域に移行したことを示している。そこで本章では、この差異や移行の意義について考察し、そこに込められている異なる正当化の内実を剔出することに努めた。

第六章（無差別の自由とヒューム哲学）では、ヒュームが、『本性論』の第二巻において、「無差別の自由」を論じる箇所に着目する。ヒュームは、その箇所で、無差別の自由がわれわれの認識に関わることを端的に否定する。しかしヒューム自身が描写するように、われわれは行為の際に、「無差別の自由の印象」を感じている。この事態は、人間本性に基づく人間の領域である「一般人」と、理性的反省によってより正確な認識を目指す「哲学者」という、二つの態度の対立を意味する。ただ、第五章でみられた移行とは異なり、ここでの対立はより複雑であり、ヒュームの議論のなかには混乱がみてとれる。そこで本章では、ヒュームの本来の目的や観念説の基本構造に立ち返りながら、本来、無差別の自由について、ヒュームはどのような態度をとるべきであったか、批判的に考察した。
第七章（ヒューム哲学と偶然の問題）では、第五章、第六章の問題意識を継承しながら、ヒュームが「偶然」を否定していく論理を追った。ヒュームは、「必然性の教説」に基づき、それと矛盾する偶然に対して消極的な態度をとる。しかし、この教説が有効に機能するためには、われわれは人間本性に即した態度から離れている必要がある。そしてこの条件は、第六章でとりあげた無差別の自由のケースと同様、人間本性に由来する、偶然についてのわれわれの認識に相反する。ただ、ヒュームが偶然を否定しようとする論理のなかには、観念説や「経験」のうちに本来入り込まない「他者」の要素が介在しうる。本章では、この他者の存在を加味しつつも、人間本性の探求という本来の目的からすれば、ヒュームは、偶然を否定することについて、どのような議論を行えば、より合理的であったかを論じた。

以上のように、本書では、ヒューム哲学の「印象」と「人間本性」という二つの概念について考察する。ただ、ここで、この二つの概念を扱う理由や、特に人間本性の性質について、簡単に言及しておきたい。ヒュームは、『本性論』の序文において、諸学問がいまだ不完全である現状を認めつつ、あらゆる学問が探求者たる人間の性質である人間本性に依拠することから、その解明を通じて、「諸学問の完全な体系を提起する」[T.I.6]ことを目指す。それゆえ、あらゆる学問の基礎となるものとして、ヒューム哲学が人間本性を取り扱おうとするのは、容易に理解できる。学問をするのは人間であり、その人間に共通する性質を明らかにすることができれば、おのずとその学問の性質も理解できる、というわけである。ただ、学問的認識に関わる「人間」が、本来どのようなものであるかを探求する試みは、ヒューム哲学に限ったものではない。そうした試みのなかで、特にヒューム哲学の特徴といえるのは、人間本性を探求する人間学を打ち立てるにあたり、「経験と観察に依拠しなければならない」［T.I.7］と考える点にある。そしてこの「経験」は、ヒュームにとって、心が印象や観念をもつことに帰着する。すなわち、ここで「人間本性」－「経験」－「印象」・「観念」の結びつきが成立することになる。そこで、本書が「印象」を扱う理由は、この結びつきの一端が印象であることにある。一方、観念、そしてとりわけ印象は、感覚や情念といった、感性的な現象を指している。すると、ヒュームが考える「人間本性」は、第一には、われわれの感性的な、そして結果として非理性的な性格を帯びる。この特徴づけは、古来よりしばしばみられるように、人間を「理性的動物」と捉え、われわれの認識において理性が担う機能を重視する立場と比べれば、きわめて異質なものである。それゆえ、ヒュームのいう人間本性は、おもに感性的、情緒的なものであって、「人間とは本来このようなものである」という像としては、かなり狭小に映る。このことは、恐らくはヒューム哲学が、従来の、理性に過度に依存した哲学体系の批判を意図したことの副作用として生じている[5]。ただ、この人間像は、先に簡単に述べたように、ヒューム哲学全体にわたって適用されるわけではない。この逸脱は、特に本書第五章以降でみるように、ある種の洗練された知識が主題となるときに前面に出てくるが、この場合、ヒュームは、人間本性のうちに、理性的存在を含め、獲得した経験をもとに、抽象的な推論を行う人間を考えている。また、第七章で登場する「他者」の認識は、本来、印象と観念を主軸とする主観的なヒューム哲学の体系では扱うことのできないものであるが、われわれ自身反省してみればわかるように、他者の存在は、ごく当たり前のものであるどころか、われわれ一人ひとりが生きるにあたり、必要不可欠な存在でもある。それゆえ、他者の認識は、印象と観念の体系の俎上には乗らないものの、それにもかかわらず、人間が本来もっている認識に属するものであると考えられる。以上のように、ヒューム哲学における人間本性という概念は、おもに非理性的な人間像を指したり、主観的な世界の枠組みにあてはめられたものであるにしても、文脈に応じて異なるものを指す場合がある。本書では、特に前半部において、おもに非理性的な人間本性を扱うため、人間本性もこの意味で用いられることが多い。しかし、とりわけ理性的側面を含む人間本性を扱う事例が、第六章、第七章に現れる。この点には注意していただきたい。

本書は、二〇一五年に提出した博士論文をもとに、加筆修正を加えたものである。その執筆過程では、もちろん、きわめて多くの人のアドバイス、批判、助力があり、それらなくしては、本書のどの一章も完成させることができなかったであろう。お世話になった方々の名前を一人ひとり挙げていくとすれば、それこそもう一冊分の本を書くことになりかねないため、ここでは、特にお世話になった三人の名前を挙げることで、関わりのあったすべての人への感謝に代えさせていただきたい。まず一人目は、筆者が京都大学総合人間学部在学中から、指導教官として、絶えず筆者を見守り指導してくださった冨田恭彦先生である。身の上話になるが、筆者は、理系の学生として入学しながらも、数学の正しさや真理性に

[5] 例えば因果論において、ヒュームが従来の原因概念を批判する仕方［Cf. T.1.3.3.4-8］であったり、道徳の根拠を推論ではなく感覚に求める点［Cf. T.3.1.1-2］に、その態度はみてとれる。加えていえば、ここでは、理性的推論よりもむしろ経験が重要な根拠とみなされてきたイギリス経験論の伝統を、ヒュームが継承していることが念頭におかれている。

疑問を抱いて以来、理系の諸学問よりもそれらを基礎づけるものとして哲学に関心をもつようになった。デュエムやマッハなど、興味の対象をさまざまに変えながら、最終的にマッハの思想に関連のあるヒューム哲学で論文を書くことになったのは、ひとえに冨田先生の指導があったからにほかならない。筆者がヒュームの著作を本格的に読み始めて間もないころ、先生とヒューム解釈について話し合った折、ヒュームの生理学への言及をもち出した筆者に対し、「でも、それは議論としてズルいんじゃないか？」という率直なコメントをいただいたのを今でも覚えている。本書は、その「ズルいんじゃないか？」に対して、いくつかの視点から遠回りに試みられた筆者なりの返答である——返答として的を射ているかはいくぶん不安ではあるが。また、二人目は、日本のヒューム研究の第一人者であるとともに、近代哲学一般や分析哲学にも深く通じておられる神野慧一郎先生である。神野先生には、日本イギリス哲学会に入会する際に後見人になっていただいて以来、筆者のヒューム研究について、たびたび貴重なご意見をくださった。ヒュームの印象概念にこだわりすぎるきらいのある筆者に対し、「それは現象主義に偏りすぎではないか？」という批判を投げかけ、議論の再考、ブラッシュアップを促してくださったのは、とりもなおさず神野先生である。本書を構成する論文一つひとつを書き上げるだけでなく、学問に取り組む姿勢についても、筆者はこの両氏に非常に多くをおっている。両氏がいなければ、本書はおろか、研究者としての自分でさえ存在しなかったことは間違いない。それゆえ、とてもこのような場で感謝しきれるものではないが、本書が出版されることを機会に、冨田先生、神野先生に、改めてお礼申し上げたい。また、ナカニシヤ出版の米谷龍幸さんには、『哲学をはじめよう』という本に寄稿させていただいた縁もあり、きわめて突然なお願いになってしまったにもかかわらず、今回の博士論文の出版を快諾していただいた。ご多忙のなか、執筆が遅れがちな筆者の原稿を寛大にもお待ちいただき、懇親丁寧に編集作業に付き合っていただいた米谷さんにも、この場を借りて深くお礼を申し上げたい。

なお、本書の刊行には、平成28年度京都大学総長裁量経費人文・社会系若手研究者出版助成を受けている。

第一部　印象の論理

第一章 「実定性」の問題
——黒の認識をめぐって

第一節 はじめに

本章では、ヒューム哲学のなかに現れる「実定性」という概念がもつ意義を検討することを通じて、ヒューム哲学の構造を再検討する。われわれの知覚や認識がもっぱら心の中の印象と観念で構成されているという意味で、ヒューム哲学は、主観的・現象主義的な「観念説[1]〔theory of ideas〕」であり、直接知覚されないものの存在を否定すると伝統的に解釈されてきた。そして、すでにみてきたように、まさに

［1］本章においては、リードのヒューム批判に合わせる仕方で、ヒュームの観念説という枠組みを、現象としての印象と、それに対応する像である観念で構成される体系と考える。また、本書では、「現象主義」という言葉を、「われわれの認識や学問を、もっぱら主観的な印象や観念にもとづいて構築しようとする態度」の意味で用いる。繰り返しになるが、この態度は、ヒュームが批判されるときに真っ先に注目されるものであり、本章における意味での観念説と密接に関わっている。ただし、本章以降では、「観念説」は、一般に印象と観念に基づく体系として広義に考え、そこに非現象的な認識対象を含める。

この観点から、ヒューム哲学は伝統的に批判されてきたのである。一方、さまざまな観点から、ヒューム哲学が現象主義的な観念説の枠を超え出る体系であると解釈する試みもなされてきている[2]。ところで、ヒュームが知覚の実定性について言及するとき、観念説と、観念説外の概念枠組みとの結びつきが発生する。それゆえ、ヒューム哲学の知覚概念を再検討するにあたり、実定性概念は注目すべきテーマとなる。そこで本章では、「実定性」に着目することを通じて、ヒューム哲学がもつ現象主義的な側面がどのような役割を担うかを示す一方で、ヒューム哲学がいかなる仕方で現象主義を超える観点に立ちうるかを提起する。

本章は次のように議論を進める。まず、ヒュームが黒の知覚と、知覚の実定性に言及する箇所に着目する。そして、実定性の意味として有力な候補を二つ挙げ、それらがヒュームによって適切に使用されているかどうかを吟味する（第二節、第三節）。次に、ヒュームが知覚の実定性を考えるとき、観念説とは別に、ある種の自然学的体系が存することを、ロック哲学と対比させながら論じる（第四節）。最後に、第三節で考察したことを踏まえ、ヒューム哲学において実定性を問うことの意味を、一般的に考察する（第五節）。

第二節　黒の知覚の実定性の是非──「実定性＝実在性」の場合

本章の問題意識の源泉となるのは、ヒュームが「黒」の認識について言及する箇所である。ヒュームは、真空観念の可能性を論じる際、暗闇〔darkness〕を以下のように表現する。

明白なことであるが、暗闇の観念は実定的な観念ではなく、ただ単に光の否定［negation］、もしくは、より正確にいえば、色つきの［colour'd］、可視的な［visible］対象の否定である。［T.1.2.5.5 傍点強調は筆者による］

本節と次節では、この主張を吟味していく。そして最終的には、このヒュームの主張がある意味で不合理であることを示したい。ところで、実定性を表す'positive'という言葉には、ラテン語の「おく［pono］」から派生した「（確固として）おかれた」という意味に加え、「実在的」、「非関係的」という意味もあり［Cf. OED.XII. positive］、この二つの意味が知覚の実定性の意味の有力な候補となる。[3] そこでまずは、その二つの意味を順にとりあげ、それらがヒューム哲学とどのように関わるかをみていく。

第一に、「実定性＝実在性」の場合である。この例は、先に引用した、暗闇の知覚の事例にみられる。ここでは、「暗闇の観念」を介して、「実定性の否定」と「色つきの、可視的な対象の否定」が結びつく。

---

［2］現象主義的解釈は古典的であり、例えばその解釈は、リード［Cf. Reid 2002: 161-5, 171-87］やプリチャード［Prichard 1950: 175-8, 192-8］、フリュー［Cf. Flew 1997: 18f］に典型的にみられる。一方で近年では、さまざまな観点から、現象主義を超出するヒューム解釈が打ち出されている。例えば、ヒュームにおける知覚概念の両義性から出発して、外的世界の存在を強調するアンダーソン［Cf. Anderson 1966: 3-49, 93-110］や、外的対象や因果性の存在を認める懐疑的実在論［Cf. Wright 1983; Strawson 1989］の立場などが、この種の解釈にあたる。

［3］ヒュームは知覚の実定性について明示的に語らないため、例えばフレイグがその意味の再構成を試みている［Cf. Flage 1981: 55-9］。フレイグの場合、実定性はもっぱら「非関係性」の意味で考えられる。しかし、実定性によって「実在性」の意味が文脈的に強調されることもあるため、本章では実定性の意味を二つに区分して考察する。なお、この二つの意味は相容れることに注意されたい（本章脚注16参照）。

暗闇の観念は、色に関する観念の欠如、非実在を表す。それゆえこの場合、実定性は実在性を表すことになる[4]。

さて、一見すると、「実定性＝実在性」の見方は、ヒュームの暗闇の観念が、実際には観念ではないことに合致する。「色つきの、可視的な対象の否定」は、視覚的対象の無知覚を意味する。したがってわれわれは、暗闇の知覚において、実際には視覚的知覚をしていないことになる。一方、印象や観念が心に存在することは、それらが知覚されることに他ならない[5]。それゆえ、暗闇の印象や観念が存在するとはいえなくなるのである。

ただ、ヒュームの観念説の考え方にしたがえば、この意味で暗闇の知覚が実定的ではないと考えることは難しい。その理由は、盲人の視覚的知覚の例をもち出して、暗闇が可視的対象の否定と定義されるにもかかわらず［Cf. T.1.2.5.5f］、当の暗闇の知覚が実定的であるように考えられる場合もあることにある。例えば、これからみるように、ヒュームは黒の知覚を実定的であると考えている。ヒュームは、「理性の区別［distinction of reason］」によって、色が具体的な形から抽象される仕方をこのように描写する。

白い大理石の球体が現前するとき、われわれはある特定の形に配置された白色の印象を受け取るのみであり、その色を形から分離、区別することができない。しかしそののち、黒い［black］大理石の球体と白い大理石の立方体を観察した後で、われわれは、以前に完全に分離不可能であるようにみえ、かつ実際に分離不可能なもののうちに、二つの別個な類似を発見する。（中略）白い大理石の球体の形のみを考察しようとするとき、われわれは実際、形と色の両観念を形成するが、

暗に黒い大理石の球体との類似に眼を向ける。［T.1.1.7.18. 傍点強調は筆者による］

ヒュームはこの議論を、単純な印象、観念の可分性を説明するためにもち出している。それゆえヒュームはここで、白とともに黒を色の単純印象として導入していることになる。そこでこの箇所が示唆しているのは、日常的に黒によって構成される暗闇の知覚が、実在的、すなわち実定的であることであり、そしてこのことは暗闇が知覚の否定というヒュームの考えと矛盾する。

以上では、「暗闇」と「黒」を同一視した議論を行った。しかしもちろん、「暗闇」と「黒」の知覚は別種であるとして、暗闇の知覚の実定性を留保することも考えられる。しかしそれでも、ヒューム自身、この二つの知覚を同一視しているようにみえる場合がある。その根拠は二つの点から構成される。第一の論点は、暗闇、可視的点、そして距離の観念が関わる思考実験をヒュームが行う箇所［T.1.2.5.7f］にある。この実験では、暗闇中に二つの光点である可視的点がおかれるが、延長する光点が暗闇中におかれるためには、暗闇もまた延長をもつ必要がある。しかし、延長するものは特定の色をもつはずであり［Cf. T.1.1.7.18; E.12.15］、延長をもつ暗闇はやはり一種の色でなければならない。また第二の論点は、ヒュ

［4］他には、ヒュームが、「差異［difference］」を関係の否定として扱う箇所［Cf. T.1.1.5.10］、ヒュームがストア的な道徳観を否定する際、「実定的、絶対的な悪、悲惨」を考えている箇所［Cf. E.8.34］においても、実在的な意味での実定性がみられる。

［5］バークリの“Their esse is percipi”［Berkeley 1949: 42］を想起させるこのような態度は、例えば「あるものを単純に反省することは、それを存在するものとして反省することと互いに異ならない」［T.1.2.6.4］、「（心に）現前するすべての対象は、必然的に存在しなければならない」［T.1.2.6.6］といった言葉にみてとれる。

ームが暗闇の知覚を闇夜における知覚と同一視している箇所［Cf. T.1.2.5.11］にある。この場面では、私たちは全く光のない状態で、暗闇の広がりを知覚する。ところで、ヒュームの「可分性原理［separability principle］」［Cf. T.1.1.7.3; Garrett 2002: 9, 58–75］にしたがえば、われわれは、この知覚と黒の知覚と区別できないため、これらは同一の知覚でなければならない。以上の二つの点を併せて考えると、ヒュームがいう暗闇の知覚は、実定的な黒の知覚と同一であると考えられる。[6]

加えていえば、ヒューム自身が暗闇と黒の知覚をどのように考えているにせよ、暗闇の知覚はやはり実定的でなければならないと思われる。われわれが深夜の暗闇に直面するとき、われわれはそこで、それが黒であるかを問わず、何らかの色の広がりをみている。そしてその場合、ヒューム哲学の考えでは、われわれは視覚的な知覚をもっていることになる。逆にいえば、われわれがある対象が無色であったり色をもたないというとき、それは通常、暗闇や黒い対象ではなく、何か透明な対象のことを指すだろう。それゆえ、その点でも、暗闇の知覚が知覚の欠如であると考えることは難しい。

第三節　黒の知覚の実定性の是非――「実定性＝非関係性」の場合

第二に、実定性が「非関係性」である場合を考える。ヒュームはこの用法について明示的に語っていないが、この用法を暗に受け入れ、利用している可能性がある。「実定性＝非関係性」という考えは、例えばロックにみられる。

ある一つのものとして存在する、存在しうる、もしくはそう考えられるものは、実定的である。そして、諸々の単純観念や実体だけでなく、様相もまた、それらを構成する諸部分が非常にしばしば互いに関係的であっても、実定的な存在者である。［EHU.II.xxv.6. 太字強調はロック、傍点強調は筆者による］

この用法では、例えば色、三角形、人間、もしくは本や机といった対象が、「心が事物について、それ自身あるがままに［as they are in themselves］もつ観念」［EHU.II.xxv.1］として実定的である。この意味での実定的観念は、自身を直接的に表象する。[7] 例えば、三角形や本といった実定的対象については、われわれに現れていることが、まさにそのまま「三角形」や「本」の知覚となる。一方、「心が実定的観念を相互に比較することからえられる観念」［EHU.II.xxv.1］、すなわち「関係［relation］の観念」は、直接的に現れる実定的観念間の関係を間接的に表現する。ロックはそのような観念として、因果関係［Cf. EHU.II.xxvi.1-2］、無限性［infinity］（無際限性［immensity］）を考え、この無限性から神の観念を形成する［Cf. EHU.II.xvii.1f］。このような場合においては、実定性と関係性は、観念の表象の仕方から対置される。実

［6］「闇夜［night］」、「暗闇」は、色としての黒、光の欠如を暗喩する用法をもつ［Cf. OED.IV.darkness: OED.X.night］。またデカルトでも、黒色［noir］と暗闇［ténèbres］を結びつける事例がみられる［Cf. Descartes 1973: 91］。さらにジャケット［Cf. Jacquette 2001: 65-84］、そして簡潔な記述においてではあるがギャレット［Cf. Garrett 2002: 247n］が、ヒューム哲学における暗闇の知覚に関して筆者と同じ立場である。

［7］「印象や観念が知覚の直接的対象である」といった考えは、感覚与件［sense datum］論に対する批判［Cf. Austin 1964: 1-131; Sellars 1997: 13-64, 85-8］を間接的に受けるように思われるが、本書ではこの問題を扱うことはできない。

定的観念は、自身を直接、あるがままに表象し、関係的観念は、ある実定的観念を通じて、自身を間接的に表象する。例えば、本が五冊並んでいるとき、本の知覚そのものには、関係性は直接含まれていない。われわれが本を知覚し、そこに成立している関係性、例えば五という個数や本の大小関係、類似関係に気づいて初めて、種々の関係の知覚が成立する。そのような意味で、関係の知覚は、間接的で、非実定的な知覚なのである。

この意味での実定性は、ヒューム哲学においてもみてとれる。例えばヒュームは、哲学的関係を一種の観念として捉える［Cf. T.1.1.5.1f］。またヒュームは、ロックと似たような仕方で無限性［Cf. T.1.2.1.2-5; E.12.18–20］や神［Cf. E.2.6］の観念を考えている。これらの事例は、ヒュームがこの意味での実定性を考えていることを示す。そこで、この実定性の用法を暗闇の知覚に適用すると、次のようにいえるだろう。「暗闇を知覚するとき、われわれはある関係的事情、すなわち「光や、色つきの、可視的対象の否定」を知覚する。われわれはこの関係を、直接的な視覚的知覚を通じて、間接的に知覚するのである」。

しかし、この意味の実定性においても、暗闇の知覚が実定的でないとは考えるのには困難がある。その理由は、ヒュームの哲学体系において、現象としての印象が優先される点にある。前節で述べたように、ヒュームは黒の知覚を単純印象として扱う。一方で関係は、対象の複数性を必要とする以上、複合的な知覚であり［Cf. T.1.1.4.7; T.1.1.5］、否定という関係を含むとされる暗闇を黒と同種の単純知覚と捉えるとすると、知覚の単純性と複合性という観点から矛盾が生じる。加えて、ヒュームは色の知覚に関して、次のようにいう。

子どもに緋色やオレンジ色、甘さや苦さの観念を与えるためには、私は対象を提示する。いいかえれば、彼にこれらの印象を伝達する。［T.1.1.1.8］

ここでは、色の知覚が直示的な印象を介して観念化される過程が描写されている。緋色の印象である条件は、特定の視覚的感じが感じられ、それに名前（「緋色」）が結合されることにある。さて、これは黒の知覚の場合も同様である。われわれが日常的に感じる特定の視覚的感じに、「黒」という名があてられることで、その感じは「黒の印象」となる。これは暗闇の知覚についても同様で、ヒュームからすれば、われわれが実際に暗闇の視覚的感じを受け、そこに「暗闇」という名があてられることで、暗闇の知覚が成立する。ここでヒュームは、特定の言葉と結びつく視覚的感じ以外の何か、例えば光の否定が、色の知覚の意味内容を保証するとは考えていない。また、そのような何かが介入する事態は、ヒューム哲学の基本的態度である「印象への遡行」[8]に反する。ヒュームの観念説では、観念の根拠を対応する印象の存在に求めるという点で、印象にある種の根源性が付与されるが、それは、われわれが一般に印象を明晰に知覚できることを理由としている。例えば前述の例では、緋色の印象がわれわれに明晰に知覚されることが前提となっている。そのような印象の背後に、直接知覚されない関係的事態をさらに想定することは、その哲学的意図と相容れない。したがって、暗闇の単純知覚が、光の否定といった関係的知覚であると考えることはできない。また、暗闇を、黒の単純知覚によって構成された複合的なも

［8］Cf. T.1.1.1.12。この態度は、ヒューム哲学の批判的手法の主要なものである。例えば、真空の観念［Cf. T.1.2.5.5f］や必然的結合の観念［Cf. T.1.3.2.4］の探究に関して、ヒュームは、それに対応する印象を求める。

のだと考えるにしても、それを構成している黒が実際に直接知覚されている以上、「可視的対象の否定」、すなわち知覚の否定という関係を適用することは不合理である。それゆえ、「実定性＝非関係性」という意味においても、暗闇を「実定的でない」ということはできない。

以上、前節と本節の考察より、ヒュームの観念説内で暗闇の知覚を実定的でないと考えるのは、ヒューム自身の考えに反して、難しいと思われる。

第四節　観念説以外の自然学的体系の可能性――ロック哲学との比較を通じて

ところで、なぜヒュームは知覚の実定性をとりあげる必要があったのだろうか。ヒュームの観念説では、感覚や思考などの作用を知覚が包括し［Cf. T.1.2.6.8; T.3.1.1.3］、知覚は印象と観念に完全に区分される［Cf. T.1.1.1f; E.2.1f］。そこでは、知覚は現れるかぎりで実在的であり、「われわれに現れているが、実はその知覚は存在しない」ということはありえない。また、あくまで観念説にとどまるならば、ある知覚が実際には何か別の事態を間接的に表象すると考えることも難しい。単純観念には、同内容をもち、先に知覚される単純印象が存在する［Cf. T.1.1.1.7］。そこで、あるものを間接的に表象する観念には、やはり対応する印象が想定される。そしてその印象は、前述の色の意味付与の例に示されているように、印象である以上は表象内容をみずからもつはずであり、間接的表象の余地はなくなる。つまり、ヒュームの観念説では、知覚はすべて実定的であり、わざわざ知覚を「実定的」と形容する意味はないように思われる。ただ逆に、ヒューム哲学に実定性が用いられるということは、ヒュームの観念説以外の概念枠組みが、観念説に特定の仕方で関わることを暗示する。とはいえ、このことをヒュームの著作からこれ以上明示的に提示するのは難しいため、ヒュームの観念説と似た構造をもつロック哲学を手がかりとして、考察を進める。

黒の知覚と実定性に関して、ロックは次のようにいう。

黒の観念（中略）は、恐らくこれらを生み出す原因のいくつかが、そこからわれわれの感官がその観念を引きだすところの主体の欠如である場合でも、心のうちに在る（中略）明晰で実定的な観念である。［EHU.II.viii.2. 傍点強調はロックによる］

黒の知覚の原因が何らかの欠如でありうると考える点で、ロックはヒュームと近い意見をもつ。一方、ヒュームとは異なり、ロックは黒の観念を実定的であると考えている。ところで、ロックが観念の実定性について論じることが可能なのは、前述の引用箇所の周辺に付随する自然学的体系が存在するからである。

私の現在の企ての意図が、知覚の自然的原因［natural causes］や様式について探究することなら、（中略）欠如的［privative］原因が実定的観念を生み出しうる理由として、次のことを提出しよう。すなわち、すべての感覚がわれわれのうちで生み出されるのは、外的対象によって多様に揺動される動物精気の、さまざまな運動の程度や仕方によってのみであるため、その増加と同様、先行する（動物精気の）運動の衰微も、必ず新しい感覚を生み出すはずである。［EHU.II.viii.4. 太字強調はロック、傍点強調、括弧による補足は筆者による］

観念の実定性を扱う際、ロックは観念の「自然的原因」を考えている。またその際、心と観念に加え、われわれの感官、それを触発する外的対象、そして体内で運動する動物精気といった自然学的概念が用いられるが、それらが指示するものは、心のうちではなく、心の外の存在だと考えられている。[9] ロックは、このような、心の外の枠組みで考えられた「運動の衰微」によって、「欠如的原因」が「実定的観念」を生み出すと主張している。

このような自然学的体系は、数は多くないがヒューム哲学のうちにもみられる。例えばヒュームは、単純知覚の原因が、「精神学［moral philosophy］」ではなく「解剖学」や「自然学［natural philosophy］」の主題であるとし［Cf. T.1.1.2.1; T.2.1.1.2］、「脳の細胞」や「動物精気」といった概念を用いて実際に議論を展開する[10]［Cf. T.1.2.5.20］。このとき、ヒュームの観念説が属する精神学と、知覚の原因を物理的に考える自然学が、知覚を通じて結びつく。とはいえ、ヒュームは、人間本性を扱う精神学が他の諸学問の基礎にあると考えているため［Cf. T.I.4-5］、精神学と自然学の関係に注意する必要がある。なぜなら、ヒュームの態度をみるかぎり[11]、知覚の原因を扱う学問が、精神学に還元され、すべての議論が観念説の枠組みで扱われる可能性があるからである。もしこの還元が可能であれば、自然学もヒュームの観念説の枠組みにとどまることになり、結局知覚の実定性を考える必要はなくなってしまう。

さて、自然学が精神学に還元されるとは、自然学の主題である知覚とその原因の関係が、ヒュームの観念説内の因果論によって説明されることを意味する。つまり、その説明可能性の条件は、知覚と、知覚の原因となるものが、おもに恒常的随伴［constant conjunction］の関係にあり、一方の知覚が、もう一方の知覚への移行を導く状態にあると示すことである［Cf. T.1.3.14.31; E.8.29］。このような還元は、はたして可能なのだろうか。

結論からいえば、それは可能であるとはほど遠い。ヒュームが還元的な仕方で自然学を扱う場合、次のような二つの難点がある。第一に、知覚の原因とされるものが、知覚として適切に成立するかどうかが疑われる。確かに知覚過程を考えるとき、ヒュームは脳の細胞や動物精気といった概念を用いている。しかし、特に微小で知覚されにくいはずの動物精気に「印象への遡行」を求めるのは現実的ではなく、これらの概念は、ヒューム哲学の枠組みとは相容れない。また、それらの印象がなければ、条件である「二つの対象が反復的に知覚される」という恒常的随伴も成立しなくなってしまう。

また、この困難とは別の問題がある。それは、黒の知覚を観念説内で考える場合に浮かび上がる。黒の印象が実定的であり、因果推論の項になりうるとしよう。すると推論のもう一つの項は、「光の否定」

［9］このことは例えば、「白ないし黒の観念を知覚、認識することと、ある対象が白や黒にみえるために、どのような種類の粒子で、表面においてどのように配列されていなければならないかを調べることは、別のことである」［EHU.II.viii.2. 傍点強調はロックによる］という態度や、一次性質と二次性質を区別し、可感的性質がどのようにわれわれに知覚されるようになるか考察する際に現れる［Cf. EHU.II.viii.8f.］。

［10］ヒューム哲学と動物精気などの生理学的概念との関係については、Wright［1983: 183f］を参照。

［11］『本性論』序文における「人間学」と他の学問の関係についての描写は、人間学による他の学問の基礎づけを示唆する［Cf. T.I.6-7］。この場合ヒュームは、自然学を人間学に還元しうると考えている可能性がある。

になる。しかし、ヒュームの観念説においては、光の「否定」を推論の項に据えたり、光の存在を推論によって否定的に考えることは難しい[12]［Cf. Stroud 1981: 75-6］。ヒュームの因果推論は、現前するものから、あるものの「存在」の推論を主眼においている。また、一つ一つの知覚は、それが心にあるかぎり、対象の不在を表すわけではない。それゆえ、光の「否定」を因果推論に取り込むのは困難になる。

以上より、自然学的体系がヒュームの観念説に還元されると考えるのは難しい。黒の知覚に関していえば、ヒュームは、ロックとともに、黒の知覚を実定的だと考え、否定的推論の問題を回避するほうがより合理的であったと思われる[13]。ただ、同時にここで強調したいのは、ヒュームが、現象主義的な観念説の他に、それと関わりがあり、かつそれに還元されない自然学的体系を考えているということである。そしてこの点にこそ、ヒューム哲学が実定性を扱う意義の一つが存する。次節では、これまでの考察を手がかりとして、現象主義的な観念説と、それとは別の概念枠組みの連関を一般的に考える。

第五節　ヒュームの観念説の役割と他の枠組みとの関係――実定性を問う意味

従来哲学においては、知覚の実定性は、現に知覚されていることと、その知覚とは独立に存在するものとの間の関係を考える際に用いられてきた[14]。そして、これまでみてきたように、ヒューム哲学における実定性も、観念説における知覚と、異なる枠組みにおいて考えられる存在との間の関係が問題になる際に用いられる。そして、実定性がもつ二つの意味に応じて、その関係にも二つのあり方が可能である。それぞれの場合を以下に示す。

「実定性＝実在性」の場合、知覚自体と、それを引き起こす原因との間の関係が問題となる。この意味での実定性は、例えば黒や暗闇の知覚の考察に適用される。黒の知覚自体は、「黒の単純印象、観念」として、観念説のなかで語られる一方、「動物精気」といった自然学的概念は、必要に応じて観念化されることで、[15]観念説の枠組みで考察可能となる。そして黒の知覚と自然学的概念の観念は、ある因果関係のもとにおかれる。前述のように、この関係は、正式な印象への遡行が不可能であるという点からみれば正当ではないが、それでもこの関係は、理性によって想定される関係として扱われる。[16]そこで、黒の知覚が知覚以外の存在である原因によって引き起こされると考えられる場合、その知覚は実定的であ

[12] 仮にヒュームの観念説の枠組みで対象の否定を考えるなら、それは第六の哲学的関係である「反対」[Cf. T.1.1.5.8] によってであろう。しかしこの哲学的関係を用いた因果性についてのヒュームの言及はなく、その関係が因果推論に取り込まれる仕方は不明のままである。

[13] もちろんこの変更によって、ヒュームの真空論や空間論は変質し、その論理を見直す必要が出てくると思われる。ただ、本書ではその問題を扱う余裕はない。

[14] 例えばデカルトが、冷たさや熱に関して、それらが実定的 [positivus] であるか否かを考察する場合などがこれにあたる [Cf. Descartes 1964: 43–4]。なお、本章の主題と類似する問題意識が、デカルト哲学の解釈にもみられる [Cf. 松枝、二〇一三]。

[15] 具体的には、例えば「●」のような観念化可能な図形イメージが、動物精気を考える際に補助観念として用いられるような場合を想定されたい。

[16] 具体的には、理性を通じて、二つの対象が哲学的関係としての因果関係にあると考えられる [Cf. T.1.1.5.9] ことで、想定は行われる。なお、ヒュームの哲学的関係のこのようなあり方については、コスタやG・ストローソンが論じている [Cf. Costa 1998: 71–6, 85–6; Strawson 1989: 118–34]。また、因果関係を想定するということは、「実定性＝実在性」という用法に、すぐ後の箇所で論じる「実定性＝非関係性」の用法が暗に入り込むことを意味する。なお、関係の観念と、その印象への遡行については、本書第二章を参照。

る。逆に、黒の知覚が存在し、かつその原因が存在しないと考えられる場合、その知覚は実定的ではない。ただ、前節で述べたように、ヒューム哲学のなかで存在の否定を扱うことは難しいため、この意味では、とりわけ知覚の実定性のみが考えられる。

「実定性＝非関係性」の場合、実定性は、ある知覚の表象が、印象や観念が直接表すものにとどまるかどうかを考える視点を与える。この意味での実定性は、例えば関係の観念を扱う際に用いられる。関係は、二つ以上の実定的な知覚対象で構成される。そこで、関係を構成する知覚自体への視点と、それらが構成する関係への視点が区別される。前者の視点で示される知覚、例えば「人間」の像は、われわれに直接与えられる表象であり、実定的である。一方、実定的な知覚対象を要素として間接的に表象されるもの、例えば「親子関係」は、非実定的である。この意味では、関係の観念を扱う場面において、ヒューム哲学が非実定性を扱う意味がある。

さて、以上の実定性についての考察から、以下の三つのことがいえるだろう。第一に、関係の非実定的観念は、印象‐観念の対応関係を正確に満たさない。関係は、直接的知覚から間接的に知覚されるが、その場合、関係の観念に対応する「関係の印象」が存在するとはいえない[17]。つまり、関係はあくまでヒューム哲学の現象主義的側面によっては把握されないため、関係の把握を論じる際、ヒュームは直接知覚されうる印象を基礎とする現象主義を超え出ていることになる。

また第二に、非実定的な関係観念を通じて、観念説外の存在が表象される。例えば、神は、無際限に善なる観念の集合であると同時に、われわれの主観の外側の存在者としても考えられている[18]。この際、観念の集合には、それぞれの観念が表す性質に加え、無際限性という関係の把握が伴うが、この把握は、単なる観念の集合という性質を超えて、神自身を間接的に表象するために必要となる。また、知覚とは独立に存在する知覚の原因も、実定的な知覚を補助として、われわれの知覚を生み出すという因果関係の把握のもとで想定される。したがって、実定性／非実定性は、現象主義的な観念説内では扱えない存在を、ヒューム哲学で扱うための重要な鍵概念である。[19] 実際、直接知覚することが困難ではあるが、印象を引き起こすと考えられている動物精気のような存在は、この種の間接的表象によって把握されるように考えられる。

一方で第三に、実定性は、われわれの認識についての一種の制限として機能する。非実定性を通じて、観念説のなかで現象として直接現れない存在が扱われうるとすると、日常的、学問的に想定されるあらゆる存在が認識対象となる可能性がある。そこでヒュームは、われわれに直接知覚できる実定的印象への遡行を求めることで、認識に、われわれが明晰判明な仕方で共有できるという条件を提示している。これにより、われわれに実定的に現れない外的対象や神といった存在が、正当な認識対象として扱われ

[17] 本章第四節冒頭部を参照。プリチャードもこのことを指摘している［Cf. Prichard 1950: 177-8, 181］。なお、その例外として「必然的結合の印象」［Cf. T. 1.3.14.14f］が挙げられる。この例については、本書第二章、第四章を参照。この事例では、必然的結合の印象が単純であり、その観念は複合的であるという、内容の差異の問題がある。

[18] 例えば、ロックやヒュームが、神の観念、想い方と神の存在を区別していること［Cf. EHU.II.xvii.1; E.12.32］、単純性や複雑性の観点から、それらのあり方の区別をつけていること［Cf. EHU.II.xxiii.35］から、このことが窺われる。

[19] 観念説で想われえない対象を、関係の観念を通じて想定可能であると考える論者には、例えばG・ストローソン［Cf. Strawson 1989: 49-70］やフレイグ［Cf. Flage 1981: 2000］がいる。しかし両者は、本章で考察した、知覚の存在の否定についての問題や自然学の人間学への還元可能性を精査せず、ヒューム哲学において実定性をとりあげる可能性や意味を安易に前提としてしまっているようにみえる。

ることが避けられる。しかし同時に、この条件では、日常的に直示されたり直に感じられるもののみが正式な認識対象となるが、これはわれわれの認識領域をかなり過小視してしまっている。例えば、すでにみたように、関係の知覚は、印象の形では扱いにくい。それゆえ、種々の関係の把握は、現象主義にとどまるヒューム哲学によれば、正当な認識対象ではなくなってしまうが、この事実は、ヒュームにとって、相当不利に働く。この点については、ヒュームの観念説があくまで直示的な印象への遡行を志向する現象主義にとどまる弊害であると考えられる。

第六節　おわりに

以上、実定性概念の吟味を通じて、ヒューム哲学のあり方について考察してきた。概観すれば、ヒュームが実定性や非実定性の概念を用いるとき、知覚の因果関係や表象関係の間接的把握を通じて、現象主義的な観念説を超出した領域の存在を考えている。その意味で、現象として現れない存在をヒューム哲学は扱えないという解釈は正しくない。外的な感覚や感情といった現象は実定的な知覚であるが、一方で因果性や神といった対象は、非実定的な仕方でわれわれに知覚される。一方、ヒュームは「印象への遡行」を通じて、われわれ一般に直示可能なレベル、すなわち現象主義的な枠組みに立ち戻ることで、認識の確実性を保証することを要求する。感覚や感情については、その印象、感じが直示されることで、特定の認識の性質、例えば「赤い」であったり「怒り」といった性質は確認されるが、因果性や神といったものは、ただちにその方法では正当化されない。観念説外の枠組みの存在概念に、認識共有可能性からの正当化の条件を与えるというヒューム哲学の役割は、確かに現象主義に則ったものである。

しかし、実定性の観点からヒューム哲学を眺めたとき、不十分な点も浮き彫りになったように思われる。認識の正当化の条件を実定的印象に求めるヒュームの態度は、本章で論じたように、関係の把握を認識から排除してしまうため、認識をかなり不当に狭めてしまうことになるし、別の箇所で言及されるような、量や数の関係を扱う学問を正当であると認めるヒュームの態度〔Cf. E.12.27〕と相容れない。もちろんこの欠点は、数学に限らず、種々の関係性を扱う他の学問全般にあてはまるだろうし、そうなれば、人間本性を扱い、他の学問の基礎をなすはずのヒューム哲学が、それ自体諸学問の成立を否定するという本末転倒な事態に陥りかねない。それゆえ、ヒューム哲学が非実定性に開かれており、現象ではない対象を正当に扱う余地のあることが必要となってくるが、非実定的なものがどのような仕方で正当化されうるかは、これまでの議論ではまだ明らかになっていない。

この問題は、関係の観念がヒュームの観念説とどのような仕方で結びついているかが明瞭でないことから生じている。ヒューム哲学の意図や方法を斟酌するなら、本章で提示された非実定的な関係の観念がその足がかりとなることは予想できるが、その観念の性質はほとんど考察されないまま残っている。そこで、次の第二章では、関係の観念に対応する「関係の印象」が存在しうるか、もし存在するならそれはどのようなものか、という問題提起とともに、ヒューム哲学における関係概念について考察を続けていきたい。

第二章　ヒュームの関係理論再考
――関係の印象は可能か

第一節　はじめに

デカルトに始まる近代哲学を特徴づける一つの要素は、人間の主観の場、主体としての心を想定し、そこに現れる知覚や心の作用を考える枠組みである観念説であるが、すでに確認したように、そのなかでもヒューム哲学の特徴といえるものの一つは、われわれの知覚を印象と観念に分け、印象に認識の正当化の根拠を求めるということである。しかし、第一章の帰結でも明らかになったが、まさにこの特徴のために、とりわけ非感性的な認識対象を扱うことは、ヒューム哲学にとって難しくなってしまう。ところでこの問題は、例えば外的物質や心そのものの存在の認識を扱う際に典型的にみられるが、関係の把握についても同じような問題が現れる。もちろん前者の問題も重要ではあるが、後者の問題は、ヒュームが最終的に目指していた諸学問の根拠づけを行うにあたり、避けては通れない道である。そこで本章では、ヒュームが関係の把握を扱う箇所をとりあげ、「関係の印象」の想定可能性を考察することを通じて、ヒュームの関係理論の性質を再確認する。

本章では次のように議論を進める。まず最初に、議論の準備段階として、ヒュームが提示する関係の観念、コピー原理、類似理論について述べる（第二節）。続けて、ヒューム哲学において関係の印象が考えられなかったことの評価と難点を考察する（第三節）。次に、ヒューム哲学において関係の印象を想定するための手がかりを、直観的に獲得される関係の把握と、必然的結合の把握に求める（第四節、第五節）。最後に、それまで論じてきたことを踏まえ、関係の印象の想定に伴う二つの難点の解決を図りたい（第六節、第七節）。

第二節　ヒュームの議論の確認

初めに、ヒュームの関係理論の解明のために必要な枠組み、すなわち、ヒューム哲学における「関係」概念、「コピー原理［Copy Principle］」、そして「類似」の理論を確認する。

●二・一　「関係」概念について

自身の哲学全体を通して用いられる印象、観念の概念を導入する際、ヒュームはそれらの関係について言及する。

関係という言葉は通常、きわめて相異なる二つの意味で使われている。（すなわち第一に、）それによって、二つの観念が想像においてともに結びつけられるような、そして自然に一方（の観念）が他方（の観念）を導くような性質の意味であるか、もしくは、空想上恣意的に二つの観念を合一する際でも、それらを比較する［compare］に適切であるとわれわれが考えるような特殊な事情［circumstance］を意味する。［T.1.1.5.1. 括弧による補足は筆者による］

ヒュームはのちに、自然に一方の観念が他方の観念を導く関係、すなわち観念連合を生じさせる関係を、自然的関係とよぶ［Cf. T.1.3.6.16］。また上記引用のうち、後者の関係を哲学的関係とよぶ［Cf. T.1.3.1.1］。ただ、「相異なる二つの意味」とはいえ、この二つの関係は全く独立した意味をもつわけではない。前に引用した箇所は、次のように続く。

> 日常言語では、つねに前者（の自然的関係）が、われわれが関係という言葉を使う際の意味である。そしてわれわれがその意味を拡張し、結合原理なしに何らかの特定の比較主題［subject］を意味するのは、哲学においてのみである。［T.1.1.5.1. 傍点強調、補足は筆者による］

これをみるかぎり、ヒュームは、哲学的関係のうちに自然的関係を包括させている。そしてこのことは、自然的関係をなす類似［resemblance］、近接［contiguity］、因果関係が、同時に哲学的関係と考えられていることからも明らかである［Cf. T.1.1.4-5］。すなわち、ヒューム哲学において関係が問題となるとき、まず第一に、それは哲学的関係である。そして、その関係が観念連合を導く特殊な場合にかぎり、自然的関係である。そこで以降では、哲学的関係にしぼって考察を進める。

さて、関係の観念は、様態や実体の観念とともに複合観念と考えられていて［Cf. T.1.1.4.7］、この観念をもつためには、複数の対象を比較する主題、事情、ないし性質［quality］の把握が必要である［Cf. T.1.1.5.1–2］。さらに、この主題や事情における「比較」は、のちに本章第四節でみるように例外があるものの、われわれの心の機能のうち、理性［reason］が行うことが多い［Cf. T.1.1.7.17f; T.2.3.2f; T.3.1.1.24］。すなわち、二つの対象が並べられ、理性がそれらを比較することで、そこに成立する関係の観念がえられる。

ここで、関係の観念が複合的であることについて補足を加えたい。「関係」というからには、その関係の間に複数の対象が必要である［Cf. T.1.1.4.7］。しかし、関係の観念が複合的であるというとき、その意味の候補は二つある。第一に、関係の観念を、複数の対象のみによって構成されたものと考えることができる。その場合、ある関係にあるA、Bという対象があるとき、この二つが単に並置されることで、関係の観念が構成される。第二に、関係の観念は、複数の対象に加え、関係を成立させる事情を包括すると考えることができる。その場合、関係の観念は、A、Bという対象に加え、それらを比較する際の事情をも含んでいる。

ヒュームがこのどちらを考えていたかについては、ヒュームが関係について言及する箇所以上に明示的な論拠はない。しかし、この二つの候補のうち、明らかに前者は不合理である。前者では、ただ単に複数の対象を並置することで関係の把握が遂行されることになるが、これはわれわれの認識の仕方と合致しない。複数の対象をただ知覚するのと、その知覚とともに関係を把握するのは別の事柄である。また前者の場合、諸観念を比較する理性は完全に不要になってしまうが、これはヒューム自身の言葉と相容れない。したがって、関係の観念には、複数の対象に加え、それらを比較する際の事情を含んだ観念であると考えられる。

以降、複数の対象と、それらの間に成立する事情を含んだものを「広義の関係」とよぶことにする。一方、対象間に成立する事情のみを、「狭義の関係」、ないし単に「関係」とよぶ。ヒュームは時に、関係項を度外視して関係に言及するが、その場合の関係は、狭義の関係である[1]。

●二・二「コピー原理[2]」について

コピー原理は、「初めてわれわれに現れるすべての単純観念は、それに対応し、それが正確に表象するところの単純印象に由来する」［T.1.1.1.7］と定式化される。この原理は、単純印象と単純観念の間に成立する二つの関係を示している。第一に、ある単純印象と単純観念は、内容的に類似する。例えば、現実に存在する海や空の色のような青の単純印象と、それを想像したときにえられる単純観念は、われわれに現れる鮮明さの点で異なるだけで、その内容は同一である。この関係性を、「類似原理」とよぶことにしたい。また第二に、ある単純観念が生じるためには、その内容を共有する単純印象が先に現れ

［1］ロックもまた、関係観念をえるためには対象間の比較が必要であり、関係項とは独立に関係を考え、さらに関係項とは独立に、関係の明晰な観念がえられるという［Cf. EHU.II.xxv.1-8］。関係項から独立な関係は、本章における（狭義の）関係と同一である。

［2］筆者は、コピー原理、類似原理の名称についてはギャレット［Cf. Garrett 2002: 11-57］、先行原理の名称についてはザビー［Cf. Zabeeh 1960: 73］におっている。

ている必要がある。青を観念として思い浮かべるためには、あらかじめ青が印象として知覚されていなければならない。この関係性を、「先行原理」とよびたい。そしてコピー原理は、「第一原理」［T.1.1.1.12］といわれているように、ヒューム哲学にとってきわめて重要であり、他の体系の批判の際に盛んに用いられている[3]。

さて、もちろん関係をなす複数の対象が、複合観念である可能性がある。その場合、単純観念にあてはまるコピー原理をそのまま適用することはできない。しかし、対象を構成する個々の単純観念は、この原理の適用例にあてはまる。実際に、対象を構成する性質といった単純観念について、この原理を適用することは可能である。そしてこのことは、知覚であるかぎり、関係項となる対象だけでなく、その間で成立する事情についても同様である[4]。なぜなら、ヒューム哲学では、知覚以外の心の作用は存在しないため［Cf. T.3.1.1.2］、仮にヒューム哲学の枠組みで関係における事情を考えるなら、そこに印象と観念が関わることになるからである。したがって、コピー原理によれば、事情を構成する単純な要素に関して、対応する印象が存在するということになる。しかしのちにみるように、この原理と関係の知覚との折り合いが問題となる。

●二・三　「類似」について

ここでは、ヒュームが類似の把握について、どのように捉えているかをみていく。ヒュームは、哲学的関係の一つである類似を挙げる際に、以下のようにいう。

第一（の哲学的関係）は、類似である。そして類似は、これがなければいかなる哲学的関係も存在しえないような関係である。なぜなら、ある程度の類似をもつ対象でなければ、比較の余地はないであろうからである。［T.1.1.5.3. 傍点強調はヒューム、括弧による補足は筆者による］

ヒュームはすべての関係の要素として、七つの哲学的関係を挙げるとともに、そのうちの類似を哲学的関係の成立要件として考えている。つまり、この類似を通じて、関係をなす対象の間に比較の事情が成立する。ところで、ヒューム哲学のなかには、二種類の「類似」がある。まず第一に、類似は、対象の間にある知覚的性質が共有されていることを意味する［Cf. T.1.1.5.3］。リンゴや「止まれ」の信号といった対象は、赤という視覚的性質を共有するという点で、類似関係にある。第二に、対象間に共通する性質がなくても、類似関係が成立する場合がある。青、緑、緋色は単純かつ異なる知覚であるために、共通する知覚的性質をもたない。それにもかかわらず、われわれは色彩の点で、青と緑を、青と緋色より類似しているということができる。そしてこれは、同じく単純知覚である音、味、匂いにもあてはまる［Cf. T.1.1.7.7n］。

さて、今挙げた二種類の類似は、関係の認識のための比較の事情を与える。例えば類似自体に関しては、上の二種類の類似が、関係項を眺める視点となる。また、空間や時間［Cf. T.1.1.5.5］、量や数［Cf.

［3］本章第七節参照。その他には、真空［Cf. T.1.2.5.28］、自我［Cf. T.1.4.6.2］といった問題にコピー原理が適用されている。
［4］この「心的作用」には、例えば「2×2＝4」、「三角形の内角は二直角に等しい」といった数学的関係の把握が含まれている［Cf. T.1.3.14.23］。

T.1.1.5.6]、（同種の性質の）程度［Cf. T.1.1.5.7］の関係については、同種ではあるが異なる性質をもつという点が、第二の類似に関係している。例えば、空間においては、対象の広がりや位置が同種の性質であり、数においては、対象の数量が同種の性質となり、対象の比較の観点を与える。そこで、第二の類似については、同一の知覚的性質ではなく、同種の性質を共有しているという事情から、複数の性質を比較することが可能である時点で、「ある程度の類似」が成立している［Cf. T.1.1.5.5-7］。

さらに、ヒューム自身述べてはいないが、関係の観念の成立のためには、もう一つの類似の把握が必要である。すなわち、個々の事情の間の類似が知覚され、その事情が一般化される必要がある。それにより初めて、対象の間で成立する関係の一般的把握が可能となるからである。[5] また、関係の観念は、言語による知覚の一般化［Cf. T.1.1.7.7］と同様に、それを指す言葉と結びつくことで、一種の抽象観念として機能する。例えば、ある二人の人間のグループが並置され、そこに親子関係が成立しているとき、広義の親子関係が存在する。一方、「親子関係」という言葉が、成立している類似した関係と結びつけられることで、上記の事情、すなわち狭義の親子関係の把握が独立に取り扱われる。この場合の親子関係は、特定の関係項である人間を含む必要はなく、もっぱらその間に成立する関係を指示するという点で、抽象観念によって表される。

第三節　問題設定——関係の印象は可能か

しかし、ヒューム哲学のなかで以上のような関係の観念が認められるにしても、それに対応する印象があるということは、ヒュームの主張からは明らかではない。繰り返しになるが、たとえ何らかの観念が認められるにしても、それに対応する印象がともに提示されなければ、ヒューム哲学においてその観念を正当なものと考えることはできない。しかも、これから本節でみていくように、ある点では、関係の印象があるとヒュームが考えているとはいいにくいのである。まず第一に、ヒュームのテキスト全体を通じて、「関係の観念」という表現はあっても、「関係の印象」という表現はみられない。加えて、関係の把握に言及するとき、ヒュームは明らかに印象の知覚ではなくて観念の知覚の側に立って、その把握を考えている。ここでしばらくその詳細をみていきたい。すでに確認したように、知覚を印象と観念に区分する基準として、ヒュームは知覚の鮮明さ［Cf. T.1.1.1.1; E.2.1-2］とともに知覚の種類を挙げる。後者の場合、印象は感覚［sensation］、情念［passion］、そして感じ［feeling］などに分類される一方、観念は想念［conception］や考えること［thinking］に分類される［Cf. T.1.1.1.1; E.2.1］。そして、関係の把握が論じられるとき、もっぱらこの後者のカテゴリーが適用されている。例えば、ヒュームがわれわれの道徳について考察するとき、次のような言葉がみられる。

知覚は二種のもの、すなわち印象と観念に帰着するので、この（印象と観念という）区別は、われわれが道徳に関して目下の探求を始めようと思う問題を生じさせる。すなわちその問題は、われわ

［5］ヒュームは、すべての関係を七つの哲学的関係に還元して考えており［Cf. T.1.1.5.2］、またその七つの関係すべてが、特定の対象にのみ成立する固有な関係とは考えられていないため、関係の観念を扱うためには、この段階は必要であると思われる。

れが悪徳と美徳を区分し、ある行為が非難されるべきとか賞賛されるべきと断言するのは、われわれの観念によってか、あるいは印象によってか、というものである。［T.3.1.1.3. 傍点強調はヒューム、括弧による補足は筆者による］

ヒュームが最終的に結論づけるように、ここでわれわれが道徳的善悪を知覚する根拠となるのは、印象の一種である道徳感［moral sense］である［Cf. T.3.1.2.1f］。さて一方で、それに対置される観念が意味するのは、論証によって発見される関係の観念である。例えば尊属殺人と親樹を枯らす子樹の例では、親子関係と殺人（の因果関係）の観念から、善悪の根拠を理性的に論証できないことが主張される［Cf. T.3.1.1.24］。子樹、親樹、親樹が子樹によって枯れさせられること、この三点を並べていくら論理的に考えてみても、そこから子樹が悪いことをしているという論証が導かれないのである。さて、道徳に関するヒュームの主張が本章の主題ではないので、その是非は措くとしても、ここで指摘したいのは、印象／観念の区分において、道徳感のような感じと、関係を論証・発見する思考が区別され、印象の知覚と関係の把握が隔てられているということである[6]。

以上の印象－観念の対比構造、そして、古来より関係を把握する働きが感覚とは異なる能力によって遂行されると考えられてきた哲学史的な事情[7]を踏まえれば、ヒューム解釈者が、関係の印象を考えず、関係の観念にのみ着目してきたのも、ある意味では合理的である。例えば、ヒューム哲学の解釈史上、関係の観念は、「砂粒の微小な部分」や「ミッシング・シェイド・オブ・ブルー」の問題［Cf. Flage 1990: 39–57］、心の外の対象の能力の思考可能性［Cf. Strawson 1989: 50f, 122f］のなかで語られてきたし、関係の観念の獲得を、対象を特定の視点から眺める傾向性［disposition］を獲得することと同一視する試みもなされてきた［Cf. Costa 1998: 71-6］。しかし、これらの議論は、関係の観念の役割や機能の仕方を考察しているという点で傾聴すべきであるが、その観念に対応する印象が存在する可能性について全く言及していない。一方、二・二のコピー原理にしたがえば、単純観念には必ずそれに対応する単純印象がなければならない。したがって、従来の解釈者のように関係の印象の考察を回避する場合、関係の観念の根拠がない以上、ヒューム哲学はその観念を扱うことができないという批判［Cf. Prichard 1950: 177-8; Green 1992: 172-6］を招いてしまう。そのため、ヒュームが関係の観念を正当に扱うためには、少なくとも関係の印象について吟味する必要があるし、可能であれば、関係の印象の存在を提示する必要があるだろう。さて、既述のように、確かにヒュームは「関係の印象」という表現を用いていないが、実際にこの印象を念頭においているようにみえる箇所がある。例えばヒュームは、対応する印象を提示しにくい抽象観念について、次のようにいう。

［6］道徳論において同じような枠組みや区分は、『道徳研究』でもみられる［Cf. EPM1.3f; EPMAp.1.4f］。また、ヒュームが行為と理性の関係を論じるとき、抽象的関係を扱う「推論の適切な領域は、観念の世界である」［T.2.3.3.2］というが、ここでも観念と知覚と関係の把握が同様に結びつけられている。

［7］例えばプラトンは、「等しさ」や「より大、小」といったそれ自体不変な関係は、さまざまな感覚とは異なる仕方で認識されると主張する［Cf. Plato 1914: 252-68］。また、パスモアが指摘するように（Cf. Passmore, 1952: 18-41）、観念説のなかで関係の把握を扱う試みは、すでに『ポール・ロワイヤル論理学』のなかでみられる（Cf. Arnauld & Nicole, 1964: 37-72）。しかし対照的に、オースティンは、とりわけ類似などの関係が思考ではなく感覚の領域で扱いうることを論じ、ヒュームが関係の把握を感覚、すなわち印象のレベルで扱わなかったことに、簡単ではあるが疑問を呈している［Cf. Austin 1970: 48f, 49n］。

数学者が以下のように称することはよくあることである。すなわち、彼らの対象である観念は、（中略）想像による想念のうちには含まれず、（中略）純粋、知的な観照［view］によって把握されなければならない。このような考えは哲学のほとんどの部分にも広がっており、主としてわれわれの抽象観念を説明するのに利用されている。（中略）哲学者が洗練、精妙な知覚というこの考えをかくも好む理由は容易にわかる。その手段により、哲学者は彼らの多くの不合理を隠し、また不明瞭で不確かな観念に訴えることで、明晰な観念の判定に服することを拒否できる。しかしこの術策を破るには、ただこれまでしばしば主張されてきた原理、すなわち、われわれのすべての観念は、**われわれの印象から写される**という原理を顧みればよいのである。［T.1.3.1.7. 太字強調はヒューム自身、傍点強調は筆者による］

ここでヒュームは、数学者や哲学者がもち出す抽象観念の批判のために、その観念に対しコピー原理を適用している。ところで、二・三で述べたように、関係の観念も一種の抽象観念である。そこでこの箇所から、関係の観念に対しても、対応する印象を想定する準備がヒュームの側にあるということが推察できる。[8] 加えて、ヒュームが因果推論に関して根拠を求める際、このように述べている。

事実問題についての信念を形成するこの心の作用は、これまで哲学の最大の謎の一つであったように思われる。（中略）この（信念形成の）様式を説明しようとするとき、私は、この事例に十全にかなう言葉をほとんどみいだせず、この心の作用についての完全な思念を与えるために、万人の

感じに頼らざるをえない。［T.1.3.7.7Ap. Cf. E.5.12. 括弧による補足、傍点強調は筆者による］

ヒュームはここで、われわれの因果推論の様式を考え、それを「（虚構より）優れた力、活気、確固さ、堅固さ、安定」［T.1.3.7.7Ap. 括弧による補足は筆者による］と表現し、その因果推論を行う心の働きを、「実在を空想よりもよりわれわれに近づかせ、それらを思考において重要なものとし、情念や想像に対して、より優れた影響力を与える」［T.1.3.7.7Ap］ものだという。さて、この様式は、信念と虚構の違いを示す印として機能しているが、一方でこの様式をわれわれ一般に認識させるために、ヒュームは「万人の感じに頼」っている。このことは、因果推論の様式を、「観念の、心に対する感じ」［T.1.3.7.7Ap］といいかえることからも明らかである。さて、本節で確認したように、「感じ」は印象に属するため、ヒュームはここで、因果推論の様式という、一種の関係に関わる印象を考えていることになる。ただ、以上の個別的な例は、関係の印象を暗示するものにすぎず、その性質についてもまだ不明である。そこで以降の節では、ヒューム哲学において関係の印象を想定するための原理的根拠を示しつつ、同時に、その印象が抱える難点について考察していく。

［8］一方でフレイグは、抽象観念である関係の観念が、図形的な［pictorial］ものではなく、適切な像を想像する能力を含意するということから、コピー原理に厳密にしたがわないと考えている［Cf. Flage 1982: 168–9］。

第四節　直観による関係の把握

まず、関係の把握のうち、理性による関係把握の枠組みから外れるものをみていきたい。というのも、理性的な関係把握の場合、それは思考、すなわち観念の領域にとどまり、関係の印象が関わる余地がないように思われるからである。さて、その例の一つは、直観による関係の把握である。[9] ヒュームは哲学的関係を七つ挙げるが、このうち「類似」、「反対［contrariety］」、「性質の程度［degrees］」といった関係について、次のようにいう。

> これら〔類似、反対、性質の程度、量数の割合〕の関係のうち三つは、一目で発見可能であり、より適切には、論証［demonstration］ではなく直観［intuition］の領域に属する。ある対象が互いに類似する場合、その類似はすぐに眼、ないしは心を打つだろうし、別の吟味をほとんど必要としない。これは、反対や性質の程度の場合でも同様である。（中略）われわれはこうした決定を、探求や推論をすることなく、つねに即座に下すのである。［T.1.3.1.2. 括弧による補足、傍点強調は筆者による］

この「論証ではなく直観に属する」という言葉は、問題となっている三種類の関係の把握が、理性とは異なる能力によって行われていることを示唆する。[10] また、この箇所の少し後で、時間、場所、同一、因果の哲学的関係が主題となるとき、ヒュームはこのように述べる。

あらゆる種類の推論は、比較、ないしそれらの（哲学的）関係の発見にすぎない。（中略）対象が関係とともに感官に現れているとき、われわれはこの比較を推論ではなくむしろ知覚とよぶ。この場合、いかなる思考の行使、作用もない。正確にいえば、感覚器官を通じてえられる印象の、単なる受動的受容があるにすぎない。［T.1.3.2.2. 括弧による補足、傍点強調は筆者による］

ここでは、推論と受動的知覚が対比され、対象がともに現前している場合において成立している同一、時間、場所の関係の把握が後者の受動的知覚のものとされる［Cf. T.1.3.2.2］。この場合、関係は、理性による「思考の作用」を要件にもたず、ただ単に直観的に把握される。この点で、この種の関係の把握もまた、理性における関係理論の一般的枠組みから外れている。またさらに、この引用からしばらくのちに、ヒュームは関係の直観的把握について次のようにいう。

われわれの（中略）推論において、（中略）いかなる観念も混じっていなければ、関係を観察する際の心の働きは、正確にいえば、推論ではなく感覚というべきである。［T.1.3.6.6. 傍点強調は筆者による］

［9］オーウェンは、同じく観念説をとるデカルトやロックの枠組みにおいて、関係の把握に直観的把握が必要であることを論じつつ、その系列にヒュームを加えて、ヒュームの関係理論を論じている［Cf. Owen 1999: 12-82］。

［10］一方、木曾は、狭義の理性に直観による関係の把握を含めている（木曾二〇一一：四四六参照）。しかし、ヒュームの用法における直観と論証の差異に鑑みれば、これらをまとめて理性の働きと考えるよりも、これらを区別した方がより整合的であると思われる。

ここでは、対象が現前している場合における関係の把握が、「感覚」と表現されている。それゆえ、前節で挙げたヒュームの印象についての語法を考えれば、ここでの「関係の観察」も、観念ではなく印象を通じて行われていると考えられる。

さて、ヒュームが明確に述べているわけではないが、以上のような関係の直観的把握は、ヒューム哲学のきわめて広範な領域でみられる。例えば、われわれが知覚対象に持続的存在を帰属させる仕方について、恒常性［constancy］や整合性［coherence］といった関係の認識が必要であるとヒュームはいう［Cf. T.1.4.2.18f］。一方で、この関係の認識は、「理性に諮ることさえなく［without ever consulting reason］［T.1.4.2.14］人間一般によって行われるため、この恒常性、整合性の知覚は、直観によるものだと考えられる。また、ヒュームが情念について語る場面でみられるように、誇りや卑下が発生するのは、無数の対象における「一般的性質」、「ある共通する事情［circumstance］」の知覚が必要である［Cf. T.2.1.3.5］。一方、情念の知覚は本性的で、子どもや動物にも生じるものである以上、そこに論証的推論を行う理性が専一的に関わるとは考えにくい。したがって、誇りや卑下が発生するための関係の把握は、理性ではなく直観によって行われている。そこで、本節の考察を踏まえれば、こうしたの事例のなかに、関係の印象が介在していると推測することができる。[11]

ただ、以上の議論では、仮にヒュームが直観による関係の印象を暗に考えているとしても、その印象の性質や問題については不明なままである。そこで次に、「必然的結合［necessary connexion］」の知覚を具体例として、その知覚において現れる関係の把握の仕方をみていく。

第五節　必然的結合と関係の印象

さて、必然的結合の知覚は、関係の印象を考えるための重要な手がかりとなる。しかし同時に、この知覚は、関係の印象の問題点を明らかにもする。因果関係の要件として時間的先行と時空的近接を挙げたのち、ヒュームは、必然的結合の関係を探求すべきだという。

因果性についての完全な観念を与えるものとして、われわれは近接と連続という二つの関係で満足するだろうか。決してそうではない。（中略）必然的結合が考慮されるべきであり、その（必然的結合という）関係は、前述の二つの関係よりもはるかに重要である。［T.1.3.2.11. 太字強調はヒューム、傍点強調、括弧による補足は筆者による］

まず第一に注意すべきことに、ヒュームはここで、必然的結合を関係として考えている。そして、その関係を表象するものとして、必然的結合もしくは必然性の観念が存在する。[12] すなわちこの観念は、関係の観念の一種である。一方、ヒュームは別の箇所で、必然的結合の印象について、明確に言及している。ヒュームは、必然的結合の観念を生み出す印象を探し、それを心が受ける習慣的規定［determination］

［11］他には、例えば人格の同一性の議論［Cf. T.1.4.6.6f］に、同様の関係の直観的把握の例がみられる。
［12］ヒュームが「必然的結合の観念」を扱うとき、「原因から結果へ、結果から原因へ移行する思考の規定」「出来事の間の必然的結合」［E.7.28］が考えられている。その場合その観念は、規定の一種の「感じ」ではなく、対象の間の関係を表象する役割を担う。

と同定する［Cf. T.1.3.14.1f］。

この（対象間の心的推移の事例の）類似を観察すると、能力観念の真の原型であるところの新しい印象が、**心のなかで**生み出される。というのも、十分な数の事例で類似をみてとったのち、われわれは即座に、ある対象から通常伴う対象へ移行し、その関係によって、より強い光のもとで後者の対象を想うようにさせる心の規定を感じるからである。（中略）そこで必然性は、この観察の結果であって、心の内的印象、ある対象から別の対象へとわれわれの思考を運ぶ規定にほかならない。［T.1.3.14.20. 太字強調はヒューム、括弧による補足、傍点強調は筆者による］

ここでは、必然的結合は、一種の感じとしての印象であり[13]、また単純な知覚であると考えられている[14]。また、この印象の発生には、対象間の事例の類似が関わっており、前節で述べた関係の直観的把握が示唆される。すなわち、ここでヒュームは、類似の直観を通じて、必然的結合という関係について、印象と観念をともに考えていることがわかる。いいかえると、必然的結合の観念は、対象の間に成立する関係の観念である。そして、その観念を生み出すものとして、ある種の感じとしての必然的結合の印象が与えられる。そこで、「必然的結合」という同じ認識対象をもつものとして、必然的結合の印象は、一種の関係の印象であると考えることができる。それゆえ、必然的結合の印象は、本章の問題を考えるための範型となるのである。

そこで、以上の必然的結合の事例から類比的に考えると、関係の観念とそれに対応する印象について、次のように定式化できる。「一般に関係の観念は、ある比較事情の類似の知覚をもとに対象間の関係を表象するものである。一方、それに対応する関係の印象は、われわれが対象間の関係を直観的に把握する際にもつ一種の感じである」[15]。

ただ、ヒュームが必然的結合を関係と捉えた上で、その印象を明確に考えている箇所からは、逆に本章で扱う問題が明らかになる。第一に、ヒュームは、因果推論の際、心の規定、すなわち必然的結合の印象が与えられ、われわれは一種の感じをもつという。しかし、ここから類比的に考えて、すべての関係の把握において、そのような主観的な感じが伴うとはいいにくい。われわれはごく普通に、現在の状況から次に起こることを推論できるが、そのたびに何らかの規定の感じを受けるわけではない。また第二に、先の定式化によれば、必然的結合の印象が、あくまで因果推論に伴う一種の感じであるのに対し、必然的結合の観念は、対象間の一種の関係を表象している。一方、コピー原理にしたがえば、この帰結は簡単には容認しがたい。すなわち、同じ「必然的結合」という性質を表象しながら、その内容に差異

[13] 必然的結合が印象として「感じられる」という論点は、『付録』や『摘要』、『知性研究』においても踏襲されている [Cf. TAp.3f; TAb.21f; E.7.28f]。

[14] 例えばヒュームが、この印象を定義することが難しいと考えている点から、必然的結合の印象の単純性が示唆される [Cf. E.5.12]。ストラウドもまた、コピー原理を踏まえ、探求されている必然的結合の印象が単純であると考えている [Cf. Stroud 1981: 85–6]。

[15] 同様にハクスリーは、継起 [succession]、類似 [similarity] といった関係の把握において、ある「感じ」が伴うといい、ヒューム哲学をより整合的に解釈するための道具として、この感じを根拠に関係一般の印象を考えている [Cf. Huxley 2001: 81–5]。ミルもまた、類似関係の把握を「感じ [feeling]」から考えている [Cf. Mill 2006: 70f]。ただもちろん、ミル哲学における「感じ」と「観念」は、ヒューム哲学の用語法とは厳密に対応するわけではない [Cf. Mill 2006: 51f]。

が含まれることは、類似原理に端的に反する。そしてこの難点は、必然的結合だけの話ではない。仮に一種の感じである関係の印象があるとしても、当の随伴的な感じが単純である一方で関係の観念が複合的であるならば、この不都合は関係一般に議論を拡大してもあてはまる。そこで、問題は以下の二点にまとめられる。[16]

（一）関係の印象はそもそも存在するか。存在するなら、どのような仕方で存在するか
（二）関係の印象と観念の表象内容の違いは、どのように解釈すべきか

以降、これらの問題を吟味しつつ、この問題の可能的な解決方法を探っていきたい。

第六節　関係の印象の性質——「穏やかな情念」を参考にして

まず（一）の問いであるが、関係の把握にある種の感覚や感じが必ずしも伴わないことは、関係の印象を想定できない理由であるように思われる。ただ、ヒューム自身、みずからのテキストの導入部で印象を可感的感覚、情念と特徴づけるにもかかわらず、確かにこの特徴から外れる印象を想定している場合がある。例えばヒュームは、ある情念を次のように描写する。

確かに、ある種の穏やかな欲求や傾向［tendencies］があり、これらは真なる情念であるにせよ、心

にほとんど情動［emotion］を生み出さず、直接的な感じや感覚よりもむしろその影響［effects］によって知られる。［T.2.3.3.8; Cf. D.5.2f. 傍点強調は筆者による］

別の箇所で「穏やかな情念［calm passion］」［Cf. T.2.1.1.3］とよばれるこの情念は、次のような性質をもつ。［A］それがわれわれに及ぼす影響から存在が確証される。また、その情念が、「われわれの本性［natures］に原生的に植えつけられた一種の本能」、「善や悪への一般的［general］嗜好、忌避」［T.2.3.3.8］、そして「安定した［settled］行為原理」［T.2.3.4.1］と表現されるように、われわれは本性的、一般的にこの影響下にある。ただ、［B］この情念の現象的性質、すなわち感じや情動は、その穏やかさゆえにわれわれに確認されない。それでも、ヒュームは確かに、これをわれわれに与えられる印象の一つと数えている[17]［Cf. T.2.1.1.3］。

関係の印象を想定するとき、ヒュームが穏やかな情念のような印象の存在を容認していることは、よい足がかりになる[18]。主観的感じとは異なる観点から印象による正当化を試みる場合、われわれの心に強く作用し、一般に関係の把握を導くかどうかが、当の印象が存在するための必要条件となる。例えば、

［16］グリーンもまた、ヒュームの関係理論に関して、同様の二つの視点から難点を指摘している［Cf. Green 1992: 172-7］。ただグリーンは、本章第三節でみたように、（一）の問題の論理を進め、関係の印象が存在しないことから、関係の観念もまた成立不可能ではないかと批判している。

［17］他には、主観的感じはないが、第三者の視点から反省することでみいだされる動機［Cf. T.2.3.2.2］にも、穏やかな情念に似た性質を確認できる。

穏やかな情念は、われわれの行為への支配性［Cf. T.2.3.4.1］をもつし、必然的結合の印象は、推論の不可避性［Cf. T.1.3.9.3］を暗示する。それゆえ、これらの事例においては、印象が存在するということができる。

また、ヒュームが挙げる七つの哲学的関係についても、関係の印象を想定する条件を満たすように思われる。第四節で確認したように、類似、同一性、（性質の）程度、空間と時間、反対といった関係は、受動的直観によって把握され、その把握が「感覚」と比喩される点から、われわれに本性的、一般的に把握されうるものだといえる。[19] 同様のことは、差が十分ある場合、数、量にもあてはまる［Cf. T.1.3.1.3］。また、因果関係については、対象の推移の仕方の「類似の観察」が必要であること、そしてそこから生じる因果推論が、しばしば本性的、本能的と考えられていることから［Cf. T.1.3.8.2, E.5.2f］、やはり他の哲学的関係と同様であると考えられる。それゆえ、こうした関係については、「関係の印象」が存在すると考えることができる。

一方、数学者や哲学者の抽象観念は、「洗練、精妙な性質」であると特別視され、「魂のより高位の機能のみが可能な純粋、知的な観照によって」把握されるといわれる。この説明だけでは、関係の把握に必要な二つの類似が示されておらず、心的作用に一般性があるともいいにくい。したがって、この種の抽象観念に対して対応する印象が存在するとはいえず、その観念をヒューム哲学の枠組みで正当に扱うことはできなくなる。

第七節　コピー原理と関係の知覚の整合性

（二）の問いについて。第五節の定式によれば、関係の印象と観念は、それぞれ異なる表象内容をもつ。そしてこのことは、たとえ穏やかな情念の性質に関連させて関係の印象を考えるにせよ、ヒュームのコピー原理に端的に反する。この問題について考えるべく、今しばらく、ヒューム自身がコピー原理について言及している箇所をみていきたい。

コピー原理を初めて導入するとき［Cf. T.1.1.1.7］、ヒュームはそれをもっとも厳密な仕方で定式化する。すなわち、「単純観念には、それに類似・先行する単純印象が存在する」。しかし、コピー原理の適用事例すべてにおいて、この原理が厳密な形で適用されているとは決していえない。そしてその適用の不徹底は、とりわけ関係をはじめとして、抽象観念を論じる際にみられる。例えば、時間観念を論じるときに、ヒュームは次のようにいっている。

> 時間の観念は、あらゆる種類のわれわれの知覚の継起、すなわち印象のみならず観念、また感覚の印象のみならず反省の印象の継起から生じ［deriv'd from］、われわれに抽象観念の実例を与えて

［18］ヒューム自身、印象と観念の区分を、知覚の鮮明さではなく、われわれの心を動かす仕方の違いから考えている箇所もある［Cf. E.2.2］。また筆者の議論に類するものとして、知覚を区分する視点である力［force］を、鮮明さではなく心への影響力にみようとするエヴァーソンの議論が挙げられる［Cf. Everson 1988］。同じような指摘は、本邦では、木曽や林によって加えられている（木曽 二〇一一：三九八‐四〇〇、五三四‐五三六、林 二〇一五：一七‐二六参照）。また、ヒュームに対して批判的であるライルも、ヒュームの穏やかな情念について言及し、傾性［inclination］と動揺［agitation］の区分をヒュームと共有している［Cf. Ryle 2000: 94］。

［19］同様にロックも、直観を「知覚、区別の自然な能力［natural power］」［EHU.IV.i.4］とよび、またその受動的性質について語っている［Cf. EHU.IV.ii.1］。

くれるだろう。［T.1.2.3.6. 傍点強調は筆者による］

時間の観念は、別の印象と混合しており、それらから容易に区別できるような特定の印象に由来するのではない。その観念は、諸々の印象が心に現れる様式［manner］から生じる。（中略）心はその（中略）様式を覚知するのみであり、そしてのちに心は、特定の音を考えることなく、この様式を考察することができる。［T.1.2.3.10. 傍点強調は筆者による］

以上のように、ヒュームが時間について言及するとき、確かに「時間の観念」という言葉を用いていて、さらにその観念を抽象観念と捉えている。そしてこの際、ヒュームはその観念の由来にも言及するが、ヒュームはそれを時間そのものの印象ではなく、他の対象が現れる「様式」に求めている。すなわち、ここでヒュームは、時間の観念に関して、コピー原理を厳密に適用していない。同様の議論の仕方は、延長観念にもみられる[20]［Cf. T.1.2.3.5f］。さらに、因果性の観念について議論するとき、ヒュームは次のように始める。

われわれは因果性の観念を考察し、それがいかなる起源から生じるのかをみなければならない。われわれがそれに関して推論する観念を完全に理解することなしには、正しく推論することはできないし、観念をその根源にまで遡及し、そこからその観念が起こるところの本源的印象を調べることなしには、その観念を理解することは全く不可能である。［T.1.3.2.4］

この引用以降では、因果性の観念が「起こるところの本源的印象」の探求が試みられる。しかし、この印象と観念の間に厳密なコピー原理が適用されているとはいいがたい。例えば、コピー原理は、そもそも単純印象と単純観念の間の関係についてのものであり、これを厳密に適用するためには、印象、観念の両者が単純なものでなければならない。しかしここでは、知覚の単純性や複合性についての言及はみられず、ヒュームがコピー原理を厳密に意識しているとはいいがたい。また、第五節でみたように、因果性が含意する必然的結合の印象、観念は、その表象内容が異なるため、それぞれの知覚内容は類似していない。すなわち、ここでヒュームは、少なくともコピー原理のうち、類似原理を無視してしまっているのは明らかなのである。

ヒュームが自身の哲学の第一原理を忘れて議論しているという事実は、確かに批判されるべきかもしれない。ただ以降では、ヒュームの哲学的意図を加味して、この状況を整理したい。色や味のような、印象の形で直示可能な対象の場合とは異なり、関係や時間、空間といった観念を扱うとき、ヒュームは、その対象を直接指示する印象ではなく、その観念がわれわれに与えられる経験を提示することで、その観念の根源を示している。ヒュームが経験を通じて人間本性を探求することを自身の目的に設定するとき［Cf. T.1.6f］、当然その手法の一つに、厳密に対応する印象への遡行が含まれる。そしてそれは、直示

［20］例えばワックスマンも、空間、時間観念の獲得方法には類似性があること［Cf. Waxman 2008: 73］、およびそれらの観念では厳密なコピー原理が適用できず、代わりに心理的な働きがそれらの観念の根源となることを指摘する［Cf. Waxman 2008: 72–9］。

可能な対象の知覚の場合、比較的容易に達成できる。しかし一方で、ヒュームが観念に関して正当化を行うとき、印象への遡行とは異なる条件に言及することがある。

もしその〔観念の〕弱さがそれを不明瞭とするなら、われわれのなすべきことは、観念をできるかぎり確固な［steady］、正確な［precise］ものに保つことで、その欠点を矯正することである。［T.1.3.1.7. 括弧による補足は筆者による］

さて、ここでいわれる「観念を確固な、正確なものに保つ」ことは、それに対応する鮮明な印象の直示に限定する必要はないと思われる。特に抽象観念の場合、何らかの感じや感覚自体を、それに対応するものとして扱うことは難しいため、印象を直接提示することで、観念を明晰にすることは期待できない。むしろ抽象観念の場合は、ある観念が知覚される経験の提示によって、その観念の表象内容の確認を可能とすることが、その目的により適している。その際、必然的結合の場合のように、一種の可感的な感じが伴う場合は、その経験の指示のための一種の印となるだろう。また、仮にそのような感じがない場合でも、そこに穏やかな情念に類する印象を想定することは可能である。[21] そして、その印ないし印象を手がかりとして、同じ瞬間に経験のなかに現れる観念の内容に注意を向け、固定化することが、ここでヒュームがもともと意図していた目的であると思われる。つけ加えていうならば、このような種類の印象は、その形式の内容を表す観念が与えられるより前に、一種の心の働きに伴ってわれわれに与えられていることになるため、コピー原理のうちの先行原理を満たしている。

以上を踏まえると、関係の把握について、（二）の問題は次のように評価できる。観念を、ヒュームが公式的に与えた定義にしたがって、印象と同性質を共有する「淡い像」［T.1.1.1］と理解するとき、関係の知覚に関して、コピー原理のうちの類似原理は、確かに守られていない。しかし一方、穏やかな情念のような関係の印象が、関係の観念に先んじて与えられると考えられる場合、先行原理は保持される。そして、経験に基づいて哲学を樹立しようとするヒュームの意図と照合すると、関係の把握に関して、類似原理が破られ先行原理が成立する状況は、色などの可感的性質の知覚に比べれば、問題は少ないように思われる。[22]

第八節　おわりに

本章の結論は、ヒュームのコピー原理のうち、先行原理にのみしたがうことを条件として、関係の印象の想定は可能であるということである。その印象は、基本的には、諸対象を眺める仕方の類似を看取する際の感じであり、われわれの本性的な直観能力に基づいて生じてくる。この感じは、確かに関係の

［21］ただ、心に対する強い影響をもつ穏やかな情念も、「激しい［violent］情念」に転化し、現象として知覚されうる［Cf. T.2.1.1.3］。そこでベイルは、あくまで現象として可感的であることが、ヒューム哲学において印象を適切に扱うための必要条件であるという［Cf. Baille 2000: 99–103］。さて、確かにヒュームは、類似のような関係の把握に伴う感じについて何もいっておらず、テキスト上の根拠を示すことはできないが、ハクスリーが提示するような「類似の感じ」を想定することは可能であると思われる。

［22］ザビーも、空間や時間観念については、類似原理がうまく機能しないこと、および先行原理こそが、ヒュームのより重要な主張であると論じる［Cf. Zabeeh 1960: 71–4］。

把握の際に感じられない場合もありうる。しかしその場合でも、ヒューム哲学内の用語でいえば、穏やかな情念に類する印象を補完的に想定することは可能であり、その印象については、類似の知覚を通じて対象間に成立する事情をわれわれに知覚させる作用の強さ、一般性がその存在を保証する。印象概念のもつ意義の広さを加味しつつ、ヒューム解釈の整合性を最大限保持するという条件のもとでは、関係の把握にとどまらず、現象として扱いにくい対象をヒューム哲学が扱うことができることを示すためには、この種の補助的な解釈がその手がかりの一つとなるように思われる。

本章においてとりあげたヒュームの必然的結合や因果性の問題に関しては、感じや情感［Cf. E.5.11f］といった現象的側面からの説明と、規定や様式［Cf. T.1.3.7.2f］といった形式的側面が混交しており、その解釈には困難を伴う。ただ、本章で提示した関係の印象は、必然的結合の両側面の中間に位置しているため、この印象を手がかりとして、この問題に一つの新たな論点を与えることができるように思われる。必然的結合の知覚についての具体的な議論は、本書第四章にて行う。

第三章　ヒュームの自然主義解釈の再考

第一節　はじめに

すでに述べたように、ヒューム哲学が登場してしばらくは、それが懐疑論であるという批判がなされるのが一般的であった。しかし、二〇世紀初頭になってから登場したケンプ・スミスによるヒューム哲学解釈は、従来とは異なる自然主義解釈として、今日のヒューム哲学解釈にも多大な影響を与え続けている。ただ、筆者のみるかぎり、自然主義解釈が、例えばストラウドやマウンスらによって継承される際に、ある論点で変化が起き、そのためにヒューム哲学の解釈上の問題が生じる。ストラウドやマウンスは、ヒューム自身やケンプ・スミスが考察せずに残した、ヒューム哲学上の概念がもつ不明瞭さを解決し、ヒューム哲学の整合性を回復しようとする。しかしながら、この修正が行われる際、ヒュームの哲学的方法である「経験」のあり方を歪め、ヒュームの意図を看過してしまっているように思われる。

そこで本章では、ヒューム哲学でもとりわけ重要な「印象」の特徴を分析することを通じて、ケンプ・

スミスに加え、ストラウド、マウンスの自然主義解釈を再検討する。本章は次のように議論を進める。まず、ケンプ・スミス、ストラウド、マウンスらの自然主義解釈を、特にヒュームの因果論に着目しつつ概観する（第二節、第三節）。続いて、ヒューム哲学の導入部分で提示される「印象」や「観念」の定式化に収まらない性質を、特に「穏やかな情念」に求めつつ、その情念をめぐる問題を考察する（第四節、第五節）。次に、穏やかな情念がもつ性質が、ヒューム因果論上の「必然的結合の印象」にも適用されうることを示す（第六節）。最後に、ヒューム哲学の自然主義解釈が抱える問題を提起しつつ、本章の主張がその補完となりうることを提示する（第七節）。

第二節　ヒューム哲学の解釈史——懐疑論解釈とケンプ・スミス

まず初めに、重複する点もあるが、ヒューム哲学の自然主義解釈の歴史について簡単に確認しておきたい。一九世紀までのヒューム解釈は、リード［Cf. Reid 1997: 11–24; Reid 2002: 161–5］やビーティ［Cf. Beattie 2000: 79–180, esp. 119–28, 143–50］に則った懐疑論解釈が主流であった［Cf. Mounce 1999: 1f; Kemp Smith 2005: 79f］。この解釈では、ヒュームは、われわれの理性による正当化の不備を指摘することを通じて、外的対象や魂などの存在を否定するが、このことは従来ヒューム哲学の難点と考えられてきた［Cf. Garrett 2005: xxv–xxviii］。一方、ケンプ・スミスの「ヒュームの自然主義」という二つの論文［Kemp Smith 1905a; 1905b］、そして『デイヴィッド・ヒュームの哲学』という著作［Kemp Smith 2005］によって、二〇世紀以降のヒューム解釈は自然主義解釈へと舵をとったといってよい。[1] この解釈が含意する「自然主義」は、のちの「ある先行する哲学ではなく、科学それ自身のうちで、現実が同定され、記述されるべきだ」［Cf. Quine, 1981: 21］という知的態度や、文学史上みられるような自然主義とはかなり異なった含みをもつ。この解釈では、ヒュームは、理性的には正当化できないが、それでもわれわれにとって存在を認めざるをえないようなものを哲学体系に組み込む。その際に根拠となるのは、「感じや本能［instinct］に対する理性の徹底的な従属」[2]［Kemp Smith 1905: 150］を支配的要素とする「人間本性［human nature］」であり、それにより、われわれ人間にとって不可避的なさまざまな信念が認められる。例えば、われわれがいかに哲学的に思考しようとも、日常的には、外的対象や、われわれ一人ひとりの心の存在を認めざるをえないであろう。そこで、ケンプ・スミスの解釈のなかで「ヒュームの自然主義」というとき、それは、人間本性に基づいた認識に立脚する立場を意味する。そして、この立場では、「感じ」という概念がヒューム哲学の基本概念である「印象」と結びつく。加えて、本能ないし「傾向性［propensity］」は、さまざまな箇所で感じや「情動」、「情感［sentiment］」といった概念と並置されるが、[3]

［1］ただ、断片的にではあれ、懐疑論がもつ限界という観点から、すでに初期のヒューム解釈のなかでヒューム哲学の自然主義的側面が指摘されてきたことは注意すべきかもしれない［Cf. Reid 1997: 19-21; Reid 2002: 46］。このことは、懐疑論的態度と自然主義的態度が表裏一体の関係にあることを示唆している。

［2］ケンプ・スミスが指摘するように［Cf. Kemp Smith 2005: 22-51］、この主張は、ヒュームに先行してスコットランドで活躍していた哲学者であるハチスンが、理性ではなく、感覚の領域において、道徳や美の根源を考える態度に由来する［Cf. Hutcheson 2004: 7-27］。

［3］例えば、「ヒュームは、（中略）あらゆる経験の解明を、自己の究極的な構成、すなわちその傾向性、本能、感じ、情動のうちに求める」［Kemp Smith 1905a: 154］といった表現に典型的にみられる。

この種の概念も印象の一つと数えられる〔Cf. T.1.1.1.1; E.2.1f〕。すなわち、ケンプ・スミスによるヒュームの自然主義解釈では、本性的な認識原理が働くことと、ある印象が心に存在することが同一視されているのである。

ただ、「印象＝感じ＝本能」という捉え方には、これからみるように問題がある。その問題とは、並置されて用いられている「感じ」と「本能」の異種性である。感じは、主観的に直接現れる現象ないし性質である一方、本能は、その現象に対して反省が加わることで理解される原理である[4]。一見して両者は異質なものであり、それらを同一視することができるようには思われない。このように、異なる種類の概念を結合してヒューム哲学の根底に位置づける点に、ケンプ・スミスの解釈の困難がある。そこで、ケンプ・スミスの解釈を継承する者は、この難点を解消しようとして、次節に述べるような解釈上の変更を加えようとする。

第三節　ケンプ・スミス以降の自然主義解釈

ケンプ・スミス以降、ヒュームを自然主義の観点から読む代表的な解釈者として、ストラウドとマウンスが挙げられる[5]。以降では、この二人のヒューム解釈を「後期自然主義解釈」とよびたい。この後期自然主義解釈においても、人間本性に基づいた認識を論じることがヒュームの基本的な目的であるとされる。しかし、この解釈とケンプ・スミスの解釈の間には、一つの重要な相違点がある。以下では、とりわけヒュームの因果論を具体例として、ストラウド、マウンスの議論を概観しつつ、後期自然主義解釈の要点を提示する。

ストラウドは、デカルト以来の観念説を人間本性の経験的探求手段とするヒュームの方針が当然視されたものだと考えつつ〔Cf. Stroud 1981: 9-10〕、一方で観念説に対して消極的な評価を下す。

ヒューム自身の思想において一貫した、包括的な自然主義に相反するものの一つは、観念説に対する彼のゆるぎない愛着である。その（観念）説は、いくつかの方面において、異なる仕方で追求しえたかもしれない彼のプログラムの発展を妨げるものである。〔Stroud 1981: 224. 括弧による補足、傍点強調は筆者による〕

ストラウドによれば、ヒュームの主著である『本性論』や『知性研究』の冒頭で導入される観念説〔Cf. Stroud 1981: 17-41〕は、人間本性に立脚した認識を扱う自然主義とうまく合わない。印象や観念は、「心のうちにあるもの〔item〕」〔Stroud 1981: 37, 78, 225〕、「心的原子〔atom〕」〔Stroud 1981: 225〕であるが、その

---

〔4〕例えば、本能は、「一定の系列の観念に沿ってわれわれを運び、観念が有する特有の位置、関係に応じて特有の性質を観念に付与する」原理だと考えられている〔Cf. T.1.3.16.9〕。

〔5〕例えばギャレットは、『デイヴィッド・ヒュームの哲学』序文において、ストラウド、マウンスの引用から始めている〔Cf. Garrett 2005: xxv〕。その文にみられるように、ストラウド、マウンス自身、ケンプ・スミスの解釈に多くをおっていることを自覚している。また、これからみるように、ストラウド、マウンスの議論には、多くの類似点がある。なお同様に、とりわけヒュームの道徳論において自然主義解釈の路線をとりつつ、独自の議論を展開した論者にノートン〔Cf. Norton 1982〕がいるが、彼の議論を詳しくとりあげる余裕はない。

ような要素的な印象や観念だけでは、われわれの本性的な心的作用を適切に説明することはできない。ただ単に、感じや感覚のような現象を確認するだけでは、そのような現象を統制するようなわれわれの心の原理を十分に描写したことにはならないからである。そして、「この点は、因果性の場合にきわめて明白に現れる」［Stroud 1981: 226］。すなわち、われわれが因果性を理解する仕方を描写するために、因果推論の二つの原理と、「必然的結合」の印象、観念をヒュームがもち出すことに問題がある［Cf. Stroud 1981: 226］。そしてストラウドは、観念説の領域にとどまる後者を退けようとするが、その批判は、印象と観念に関して、それぞれ二つに分けられる。

第一に観念の側からは、「われわれが必然的結合の観念をもつこと」が、因果性のあり方を描写するのにうまく機能していないということが主張される［Cf. Stroud 1981: 90f. 227f］。ストラウドは、因果推論から事物間の必然的結合を考えるようになることは偶然的［contingent］であり、必然的結合の観念をもつことがどのように行われ、何を意味するかが示されていないという。具体的には、ストラウドは、必然的結合の観念をもつわれわれと、それをもたない仮想的主体を考え、その両者が、習慣的推論を問題なく行いうることを指摘する［Cf. Stroud 1981: 90–1, 226–32］。われわれは、原因と結果とされる対象について推論しながらも、それらが必然的に結合すると考える必要はない。それゆえ、ストラウドによれば、本性的な因果推論のあり方から「必然的結合の観念」がなぜ登場することになるのか、十分な説明がなされていないのである。

また第二に、印象の側からは、第二章でもとりあげたような、必然的結合の印象と観念の関係についての困難が指摘される［Cf. Stroud 1981: 80f］。必然的結合の観念に対応する印象があるとすると、その印象は、ヒューム哲学の第一原理であるコピー原理[6]に反する。必然的結合の印象は、因果推論に伴う一種の感じといった単純知覚であるのに対し、その観念は、対象間の関係を表すものであり［Cf. T.1.3.2.11］、複合的な知覚である。すなわち、この印象と観念は、内容に関して類似しておらず、ヒューム自身が提示するコピー原理を満たさないことになる。[7] そこで、必然的結合の印象についても観念についても、われわれの因果性の理解に何ら寄与していないということが、ストラウドの主張となる。

マウンスもまた、ケンプ・スミスの解釈を批判的に継承しつつ、その解釈の不整合を指摘する。マウンスによれば、ヒュームの哲学には経験論的側面と自然主義的側面があり、前者が後者によって補完されるとケンプ・スミスは考えているが、実際にはこの二つの側面は、「単に異なるだけでなく、相容れない」［Mounce 1999: 6］。経験論的側面の観念説では、印象や観念は主観的、機械論的に扱われる。一方、人間本性の探求のためには、主観的な領域と、それを超越する外的世界との関係を扱う必要があるために、主観に限定された機械論とは相容れない志向性を考える必要が出てくる［Cf. Mounce 1999: 6, 30］。ここでいう志向性［intentionality］とは、第一に主観的な心の領域以外にある存在について言及するときの仕方を指示するための概念であるが、同時に心が何かに反応する仕方を表す概念でもある。例えば、誇りという情念が生じるとき、そこには必ず自己の概念が含まれるが、この自己は、主観的領域に現れる印象や観念とは独立した対象として理解される［Cf. Mounce 1999: 60］。そしてこの種のカテゴリー的差

［6］すでに述べたが、コピー原理は、「単純観念は、それに対応し、その観念が正確に表象するところの単純印象から生じる」［T.1.1.1.7: Cf. E.2.5f］という言葉に定式化される。

［7］必然的結合の印象、観念における問題の詳細、およびそれについての考察は、本書第四章を参照。

異が理由で、ヒュームが人間本性の探求を行うにあたり、観念説は不適合であると評価される。さて、この批判の論点は、ヒューム因果論にも適用されている。必然的結合の印象は、印象である以上、主観的な感じにすぎないものであるが、われわれが観念として考える因果関係は、主観的でない対象をとるはずである。そこで、二者の概念の指す対象のカテゴリー上の差異により、ヒュームの試みは必ず頓挫することになる［Cf. Mounce 1999: 40f］。

以上を要約すれば、後期自然主義解釈は、人間本性の探求手段である経験[8]から、主観的な印象、観念を核とする観念説の体系を、ヒューム本来の目的にそぐわないものとして退ける。代わりにこの立場は、観念説によらない自然主義的部分に関してヒューム哲学を好意的に評価することで、ヒューム哲学のより整合的な解釈を与えようとする。例えばストラウドは、観念説の枠組みから比較的独立しているヒュームの道徳論に対し、より積極的な評価を与える［Cf. Stroud 1981: 232–4］。マウンスも、ヒュームの自然主義的分析が十分ではないことを指摘しつつも［Cf. Mounce 1999: 37］、観念論の適用がなければ、ヒューム哲学はより整合的だったとたびたび言及している［Cf. Mounce 1999: 30–1, 37–8］。

第四節　印象の多義性――穏やかな情念に着目して

以上、ヒューム哲学の自然主義解釈の展開を確認してきた。以降では、後期自然主義解釈が観念説を退ける論理が妥当であるかどうかを、ヒューム自身の言葉に沿って検討していきたい。ヒュームの『本性論』第一巻第一部、第二部や『知性研究』第二節は、印象や観念の基本的性質が導入される箇所であると同時に、後期自然主義解釈の批判にあてはまる記述がみられる箇所でもある。例えばヒュームは、われわれの知覚に対して、「人間の心のあらゆる知覚は、私が印象と観念とよぶところの、二つの異なる種類に解消される」［T.1.1.1.1; Cf. E.2.3］という。また、この導入箇所からしばらく後に、「知覚以外の何ものも、心に現われてはこない」［T.1.2.6.8; Cf.T.3.1.1.2］という。すなわち、知覚はもっぱら心のなかに存在するという意味で主観性をもち、かつわれわれの心に関わるものは、すべて知覚であるという包括性を有している。また、『本性論』において、ヒュームは「「印象」という単語で、鮮明なわれわれの知覚が魂のうちに生み出される様式ではなく、ただ単に知覚そのものを表していると理解されたい」［T.1.1.1.1n］という。そこでヒュームは、知覚という概念が、一般に知覚が現れる様式や仕方ではなく、現れ、現象そのものを意味するという意味で、知覚の現象性を考えている。以上をまとめると、印象や観念は、ただ主観的に与えられ、かつそれらは知覚されるものそれ自体を指す。それゆえ、この箇所については、後期自然主義解釈の批判が適切にあてはまる。なぜならこの場合、印象や観念は、あくまで主観的な現象であり、単なる現象とは異なる心の本能や傾向性でもなければ、それらを把握することに直接関係しないからである。

　ところで、確かに、知覚の主観性や現象性といった性質は、すぐ後の盲人の例［Cf. T.1.1.1.9; E. 2.7］のように、外的な感覚が問題となるときには、ヒュームによって明確に意識されている。ただ、ヒューム

［8］ヒュームは『本性論』のイントロダクションで、経験や観察に依拠する学問の樹立を宣言する［Cf. T.I.7］。それ以降、『本性論』や『知性研究』のいたる箇所で、「経験によって［by experience］」といった表現を使いながら、ヒュームはわれわれの認識の根拠を示そうとしている。

がこれをすべての議論において守っているようにはみえない。例えば、知覚の一種である情念を激しい［violent］情念と穏やかな情念に分ける際、ヒュームは次のようにいう。

> 反省の印象は二種類、すなわち穏やかな情念と激しい情念に分けられる。行動、構成や外的対象の美、醜さの感覚は第一の種類であり、愛や憎しみ、悲しみや喜び、誇りや卑下といった情念は第二の種類である。この区分は正確であるとはほど遠い。詩や音楽による恍惚は、しばしばはなはだしい高みに至る。一方で、正確には情念というべきそのような他の印象も、非常に柔和な情感に衰微し、ある意味では知覚できない［in a manner, imperceptible］までになる。［T.2.1.1.3. 傍点強調は筆者、太字強調はヒュームによる］

ここでヒュームは、激しい情念と穏やかな情念に分類される情念が、ともに反対のものになりうるというが、そこで穏やかな情念を、「ある意味では知覚できない」と特徴づけている。同様にして、理性の作用の仕方についてヒュームが語るとき、穏やかな情念が現れる。

> さて確かに、ある種の穏やかな欲求や傾向［tendencies］があり、これらは真なる情念であるにせよ、心にほとんど情動を生み出さず、直接的な感じや感覚よりもむしろその影響によって知られる［more known by their effects than by the immediate feeling or sensation］。［T.2.3.3.8; Cf. D.5.2. 傍点強調は筆者による］

ここでも穏やかな情念は、現象性を示す「直接的な感じや感覚」と切り離される。すなわち、ヒュームが知覚であるはずの穏やかな情念を扱う際、同時に知覚の性質であった主観性や現象性を破っているようにみえる。それは、この情念が「影響によってより知られる」という点からも示唆されるが、またそれが「本性に植えつけられたある種の本能」［T2.3.3.8］と表現される点は注目に値する。なぜならこの箇所で、印象が、本能のような原理的なものと同列に語られているからである。しかし、この穏やかな情念をとりあげて考察を続けるにあたり、いくつか補足的考察が必要である。

第五節　穏やかな情念をめぐる問題

第一に問題となるのは、穏やかな情念の限定的な現象的側面である。穏やかな情念が登場する箇所では、ともに非現象性が特徴として挙げられるが、これと印象や観念が導入される箇所で述べられる特徴は、端的に相容れない。ただ、引用箇所をみると、第一の引用における「知覚できない」という言葉は、「ある意味で」と修飾されており、また第二の引用でも、現象的側面は完全に否定されていない。しかしながら、この事情について、ヒューム自身やヒュームの解釈者は明示的な答えを与えていない。そこで、第二の引用における「影響によって知られる」という言葉を今後の考察の手がかりとして、この問題について考えたい。例えばヒュームは、われわれの行為における自由の感じを考えるときに、これと類似する描写を行っている。［9］

われわれがみいだすように、人間の行為を反省する際には、そのような放逸さ、無差別さをほとんど感じないが、（中略）その行為自体を遂行する際には、それに似た何かを感じている。（中略）われわれは、自身のうちに、（無差別の）自由を感じると想像できる。しかし、観察者はふつう、われわれの動機や性格からわれわれの行為を推論できる。［T.2.3.2.2. 括弧による補足は筆者による］

この箇所でいわれている動機は、行為の瞬間には感じられないが、行為を反省したり観察する立場になると知覚可能なものとして現れる。さてこの動機は、少なくとも次の意味で「直接的な感じや感覚」とは異なる。すなわち、例えば青の知覚が青い色をみている瞬間に同時に成立しているのとは異なり、この動機の知覚は、当の動機が行為者の心に作用して行為を生み出す瞬間ではない時点での事後的知覚であり、「反省」によって後から知覚される。そしてこの点に、穏やかな情念の現象性をみいだすことができる。[10] ある場合に現象的性質を失うことがあっても、何らかの仕方で現象として感じられる別の機会があることにより、穏やかな情念はヒューム哲学に組み込まれうるのである。

そこで次に、この種の動機が一種の知覚であることを認めた上で、いかなる基準によって、その知覚が印象と観念に分けられるかを考える。ヒュームは『知性研究』において、『本性論』と同様に知覚を鮮明さによって区分した上で、次のようにいう。

怒りの発作にある人は、ただその情動（怒り）を考える人とは非常に異なる仕方で動かされる。もしある人が恋をしているとあなたがいうなら、私は容易にあなたのいっていることを理解し、その人の状況についての適当な想念を形成する。しかし私はその想念を、その情念（恋）の実際の乱れ［disorders］や動揺［agitations］と決して取り違えることはない。われわれの過去の情感や感情を反省するとき、われわれの思考は忠実な鏡であり、その対象を真に模写するが、われわれのはじめの知覚がまとっている色合いと比較して、その（反省の観念の）色合いは微弱でくすんでいる。

［E.2.2. 括弧による補足は筆者による］

この箇所で着目したい点は二点ある。第一に、情念を反省することによって、われわれは情念の観念をえるといわれているが、この点は、前述の行為者と観察者の違いの例に適用されうる。すなわち、行為の動機を後から反省するときと、まさに行為を遂行しているときが区分され、実際に心が動かされ、行為を遂行する際には、われわれはその動機の印象をもつ一方、その行為を反省している際には、その動機の観念をもつと考えることができる。つまり、観念の事後的知覚という仕方で、穏やかな情念に類する動機は、ヒューム哲学の枠組みに加えられる。

第二に、鮮明さとともに、「乱れ」や「動揺」といった言葉が用いられ、それらが印象と観念を区別

［9］アーダルもまた、無差別の自由が問題となっているときに［Cf. T.2.3.2.2］、行為の瞬間には感じられない「動機」が、現象を伴わない穏やかな情念に類するものであると考えている［Cf. Árdal 1966: 104］。

［10］また、別の側面として、前節の第一引用において、穏やかな情念が激しい情念に転化する点にも、現象性の理由をみることができる。また、この転化は、事後的知覚が成立するための前提条件になっているようにも思われる。この二つの条件は、ヒューム哲学において穏やかな情念を正当に扱うためにベイルが提示する条件を満たしている［Cf. Baille 2000: 99–103］。

する別の基準となっている。しかしこの箇所では、これらが指示するものが明瞭でないため、別の箇所でみられる「乱れ」の用法を確認したい[11]。乱れが印象と観念を区分する用法はすでに確認したが、異なる文脈において、乱れは別の役割を有する。

これらの情念のあるものが穏やかで、魂に乱れを引き起こさないとき、それらは容易に理性による決定と間違われる。[T.2.3.3.8]

ここでいわれるように、穏やかな情念は乱れを引き起こさない一方で、激しい情念は乱れを引き起こす [Cf. T.2.2.2.22]。すなわち乱れの有無は、情念の激しさ／穏やかさを区分している。さて、この二つの意味の乱れがもつ共通の基準は、鮮明な現象の有無である。すなわち、激しい情念は鮮明に感じられる一方、穏やかな情念や情念の観念は鮮明な感じを残さない。しかしそれでもなお、穏やかな情念は印象の一種である [Cf. T.2.1.1.3]。それゆえ以上を加味すると、ヒューム哲学のなかで、印象であるにもかかわらず、鮮明ではない知覚が存在することになる。

さて、現象的側面を度外視してなお穏やかな情念が印象であることを認めるとすれば、穏やかな情念が印象であることについて、何がその根拠を与えてくれるだろうか。それは、二種の情念の共通性質を考えることで、みいだすことができると思われる。この二つの情念は、心に作用し、続く知覚や行為に影響を及ぼす。例えば、激しい情念は、「鮮明にわれわれを打ち、十分かつ強い光のもとで現れるものはすべて、ある仕方で、われわれの考察を強い、（中略）注意を引きつけ、他の対象へ注意が向かわないようにする」[T.2.2.2.5]。また、穏やかな情念についても、行為者と観察者の区別の引用例において、行為の瞬間に行為者の心に影響を及ぼし、実際に行為を遂行させる。一方で、情念をただ観念として想うとき、それは心への作用が弱いために、われわれは「非常に異なる仕方で動かされる」[E.2.2]。すなわち、印象と観念を区分するものとして、われわれ、もしくはわれわれの心に対する影響の強さが基準となると考えることができるだろう。[12]

第六節　必然的結合の印象と習慣の二面性

以上考察してきた知覚の非現象的側面は、後期自然主義解釈の批判に応答する論点を与える。例えば、マウンスは、知覚の主観的機械論が含意することのない志向性を、独立した世界に対する心の反応の観点から考え[Cf. Mounce 1999: 7, 25, 38]、この観点が付け加わることにより、ヒューム哲学は経験論的体系から脱却し、難点を克服できるという[Cf. Mounce 1999: 7]。しかし、心に対する影響という観点を含みうる知覚概念は、心の反応能力に関わりうるため、後期自然主義解釈のように、印象や観念による体系

[11] 動揺もまた、乱れと同じ仕方で扱われる。例えば、「ある人が穏やかに、または単に控えめに動揺させられる[agitated]とき、あらゆる面で、激しい情念によって心乱される[disturbed]彼自身と非常に異なる」[T.2.2.2.22]という表現が、その例となる。

[12] 本章の議論の意図とは異なるが、ローヴも穏やかな情念を手がかりにヒューム哲学の非現象主義的側面を考える[Cf. Loeb 2005: 3-6]。なお、本章の批判対象であるストラウドやマウンスも、穏やかな情念に言及する。しかしストラウドは、そこから現象としての感じを捨象しても問題ないと考える[Cf. Stroud 1981: 163-5]。またマウンスも、穏やかな情念は、印象についてのヒュームの経験論的な公式的図式と相容れないために、その情念を扱うことが難しいという[Cf. Mounce 1999: 71-2]。

の構築を放棄するのは早計である。なぜなら、印象や観念は、心の中の現象という本来の主観的意味をもつ一方で、それ自体心に対して影響を及ぼすという機能を内包しており、少なくとも単なる現象ではない心を対象化し、その反応性について言及することが可能となるからである。ただ、これまでの議論は、ヒュームが情念ないし自由について論じた箇所に限定されており、それがヒューム哲学一般に適用可能かどうかは不明である。そこで、やはり後期自然主義解釈がとりあげ、批判したヒューム因果論を具体例として、これまでの議論と同じ視点をとりうるかどうかを検証したい。

ヒュームによれば、因果推論は習慣［custom］による知覚の推移として成立する［Cf. T.1.3.6.3f］とともに、その推論の際に必然的結合の印象を獲得する［Cf. T.1.3.14.1, 22］。いいかえれば、この因果推論の過程において、推論の規定、つまりある対象を知覚したのち、特定の対象が限定的に知覚されるという感じが与えられる。しかしこの主張は、マウンスも指摘するように［Cf. Mounce 1999: 36–9］、われわれの経験と合致しない。確かにわれわれは普段、現前する対象をみて、それに関連する対象を想起することがある。照明のボタンがまさに押されようとしているとき、部屋が明るくなる場面を思い起こすということは、ごく自然に行われることである。しかし、そのような推論のあらゆる事例において、規定の感じがあるとはいいがたい。それゆえ、この点についても、後期自然主義解釈の批判は妥当であるようにみえる。つまり、因果推論において、必然的結合の印象が生じていると考えることは、正しくないように思われる。

そこで、別の角度からこの問題を考えてみたい。上述の習慣は、因果推論を発動させるとともに、必然的結合の印象を生み出す原理でもある。ただ、われわれが日常経験するように、習慣には、反復的経験によって、その主観的過程を非感性化する作用もある。[13] ヒュームもまたこの性質に気づいており、例えば穏やかな情念が行動原理を生み出す仕方について、次のようにいう。

> ある情念が一度安定した行動原理となり、魂の支配的な傾性［inclination］となるとき、通常、情念はもはや、いかなる可感的な動揺も生み出さない。反復的な習慣、そして情念自体の力は、（中略）あらゆる瞬間に噴出する情念にきわめて自然に伴う対立や情動なしに、行為や行いを規整する。［T.2.3.4.1; Cf. D.6.9, 12. 傍点による強調は筆者による］

習慣的に反復された情念は、行為を導く際に可感的性質を生み出さない。すなわち、習慣は、過去に反復された経験的過程を感じられないものにする機能を有する。さて、同様のことが因果推論における習慣にもいえる。

> 原因と結果に関するわれわれの判断すべてが基づいている過去の経験は、決して気づかれないほどに感じられない［insensible］仕方でわれわれの心に作用し、ある程度までは、われわれに知られないということまでありうる。［T.1.3.8.13; Cf. E.4.8］

［13］こうしたことはわれわれも日常的に体験していることで、あえて哲学的な文脈から指摘する必要はないかもしれないが、例えばヒュームに近い立場では、ロックが、習慣がもつ類似する作用について述べている［Cf. EHU.II.ix.9-10］。

この箇所では、過去の恒常的随伴の経験が非感性化の対象になっているが、この文が含意することは、それにとどまるようにはみえない。ここで「感じられない」とされる作用は、規定によって相関項を想う心の作用である。すなわち、この作用には、規定と同一視された必然的結合の印象の知覚も含まれている。すると、次のように考えられる。習慣は、確かに必然的結合の印象を生み出す原理である一方、因果推論の反復により、その印象を現象として知覚させないようにする。他方、前節までの考察を踏まえると、心に作用して因果推論を導くという意味において、必然的結合の印象は、穏やかな情念と似た仕方で機能する。また、因果推論において実際に規定の感じが現れるときは、その印象の現象的側面が前面に出る。それゆえ、以上を踏まえると、後期自然主義解釈の批判に反して、必然的結合の印象を、穏やかな情念と類する性質をもつものとして想定し続けることができるように思われる。必然的結合の印象は、われわれに現象として感じられることと、われわれの心の動きを規定し、次の知覚を定めるという、二面性をもっていると考えることができるからである。

第七節　印象の二面性と経験による確証

ところで、以上で考察してきた印象の二面性は、後期自然主義解釈の難点を補完する観点を与える。ヒュームは、人間本性の機能や能力、心の作用を探求することを目的とし、その探求の手段を経験に求めた [Cf. T.I.4f]。一方、ストラウドやマウンスは、印象や観念によって構成される枠組みの不備を理由に、これらを経験から捨象しようとする。しかしこの態度では、ヒュームの問題意識や哲学的方法をうまく捉えられないと思われる。その理由は、ヒュームがある種の心の作用を把握する困難さを想定していることにある。

確かに精神学には、自然学にはみられない、これに特有の不便さがある。すなわち、その実験的経験〔experiment〕を集める際、意図的に、あらかじめ計画して、そして生じうる個々の困難すべてに関して満足のいく仕方で、精神学は実験的経験を行うことができない。〔中略〕この精神学においては、われわれは、〔中略〕世間の日常的過程のなかで、交際、業務、娯楽における人のふるまいを通じて、その実験的経験が現れるままにとらなければならない。［T.I.10; Cf. E.I.13］

このようにヒュームは、われわれの心の作用の探求について、その繊細さにより慎重を期すべきだと考えている。そしてこの態度は、因果推論の場合にもみられる。

事実問題についての信念を形成するこの心の作用は、これまで哲学の最大の謎の一つであったように思われる。〔中略〕この〔信念形成の〕事例において私はかなりの困難をみいだすし、この〔信念形成の〕主題を完全に理解すると考えるときでも、私の真意を表現する単語に困ってしまう。〔中略〕この〔因果推論の〕様式を説明しようとするとき、私はこの事例に十全にかなう言葉をほとんどみいださず、この心の作用についての完全な考えを与えるために、万人の感じに頼らざるをえない。［T.1.3.7.7Ap; Cf. E.5.12. 括弧による補足、傍点強調は筆者による］

ヒュームは、因果推論を行う心の作用について、われわれがもちうる一種の感じに依拠している。ヒュームは、最終的にこの推論について理解してもらうために、読者としてのわれわれに、一種の内観を試みることを要請しているのである。さて、ここでは、この感じは、「心に対する観念の感じ」、信念の「優れた力、活気、確固さ、堅固さ、安定」〔T.1.3.7.7Ap〕を意味し、この感じが必然的結合の印象を直接指すわけではない。ただ、ヒュームは因果推論の様式を論じ終え、元の問題に戻ったときに、このように述べる。

> 頻繁な反復のあとで私はみいだすが、一方の対象が現れてすぐに、心は習慣によって、そのいつもの同伴者を想うように、それも第一の対象との関係によって、より強い光のもとで想うように規定される。そこで、この印象、ないしは規定こそは、私に必然性の観念を与えるものである。〔T.1.3.14.1〕

ここで、「強い光のもとで想う」ことは、心の習慣による規定に由来している。すなわち、単に観念が鮮明に想われるのとは異なる様式で、因果推論による鮮明な観念は想われる。そこで、この「感じ」には、鮮明に想われる対象だけでなく、規定の感じである必然的結合の印象が含まれると思われる。

筆者が思うに、以上の事態は、次のようなヒュームの意図を示している。ヒュームは、必然的結合の印象の現象部分をわれわれの内観を通じて経験させることで、因果推論という心的作用が一般に働くことを間接的に確証しようとしている[14]。ヒュームは、一種の感じという現象が共通してみられることを根拠に、われわれ一般に因果推論という心的作用が備わっていることを示そうとしているのである。一方、後期自然主義解釈では、経験から観念説の体系を捨象するため、結果としてこの点を論じる立場にない。

そこでこの解釈は、例えば心的作用の一般的解明や、学の対象となる観念に対応する印象の提示を拒むとしてヒュームの批判対象となっている数学者や哲学者［Cf. T.1.3.1.7］のような人物に、まさにヒューム自身を含めてしまうことになる。それゆえ、この難点を克服するためにも、印象や観念といった概念をヒューム哲学の体系に残すことは、意義のあることだと思われる。

第八節　おわりに

本章では、前章での一般的結論をもとに、観念説の体系を主観的、機械論的に捉える後期自然主義解釈とは異なり、知覚の非現象的側面を明らかにすることにより、観念説や経験概念の射程が、後期自然主義解釈が考えるより広範であることを提示した。そして同時に、後期自然主義解釈が行うように、ヒュームの哲学的な目的の達成のために観念説の体系を放棄するにはおよばないことを示した。本章では、印象である穏やかな情念を手がかりとして、必然的結合の印象をその適用例としたが、この解釈の仕方は、ヒュームの言葉に示唆されているように、ヒュームの道徳論と密接に関わっているし［Cf. T.3.1.2.1］、ヒュームの空間・時間論など、現象としての知覚が認識の鍵とならない領域においても、より包括的な解釈の視点を与えるように思われる。

［14］ストラウド自身も、必然的結合の印象を、推論様式とは別個の特有の感じであると考える［Cf. Stroud 1981: 85–6］が、その意義について深く考察しているようにはみえない。

ただし、心的作用としての印象を穏やかな情念の性質に求める方針については、いくつか問題が残されている。一つは、本章の主張とコピー原理との齟齬である。一種の感じを印象とし、心的作用の間接的な手がかりと考えると、例えば必然的結合の場合に明らかなように、その表象内容の差異が問題となる。前章では、この問題の解決策として、先行原理を保持して類似原理を放棄することを提案した。また、次章では、必然的結合の知覚を具体例として、考察を続けていく。しかし、コピー原理に関連する難点は、ヒューム哲学の大半の領域にあてはまるため、より包括的な考察が必要となるだろう。本書では論じられないが、知覚間の「類似」を表象内容の一致という観点以外から考えることで、本書第一部に通底する解釈を補強しつつ、ヒューム哲学の整合性を救うような類似原理を、新たに提案できるように思われる。また第二に、ヒューム哲学における志向性が問題となる。本章では、単なる現象としての知覚からは独立して、心がもつ一種の反応性の観点から志向性を考えたが、それのみでは、その志向性が主観とは独立に想定されるかどうかは十分に示されていない。この問題は、主観や外界に対するわれわれの認識をヒュームがどのように扱うかという点に帰着するが、この点自体が非常に大きな問題であり、この点についても、本書で改めて論じる余裕はない。とはいえ、ヒューム哲学が内部にもっている知覚の「投影」説[15]や、特に『本性論』で現れる「一般人」の直接実在論的な知覚の態度［Cf. T.1.4.2］は、ヒューム哲学が志向性を考えていないというストラウドやマウンスの反論をかわすためのさらなる手がかりとなるはずである。

［15］ヒューム哲学についての投影説による解釈に関しては、例えば Kail［2007］を参照。

第四章　必然的結合のゆくえ
――その印象と観念の関係

第一節　はじめに

本章では、第二章、第三章で論じてきたことをもとに、ヒュームの「必然的結合」概念を具体例とし、その印象と観念の関係を吟味する。ヒュームは、「必然的結合の観念は、ある種の内的印象、ないし反省の印象から生じる」〔Cf. T.1.3.14.22〕などという。この言葉より、ヒュームは、必然的結合の知覚を一種の感性的な対象としてみていると考えられる。しかしヒューム自身、ある意味でこの態度に反しているようにみえる箇所が散見される。この不明瞭な態度が問題であるとして、必然的結合の印象と観念についての分析が今日まで多く行われてきた。しかし、必然的結合の知覚とヒューム哲学が用いる哲学的原理との齟齬もあり、必然的結合については、まだ多くの問題が残っている。ただ、必然的結合の知覚は、ヒューム因果論の基底に位置づけられるとともに、まさにこの知覚についての議論は、ヒューム哲学の方法論の典型例をなしているため、この問題の吟味することは、ヒューム哲学のあり方を見定めるためにきわめて重要である。

以上の問題意識をもとに、本章では、以下のように議論を進める。まず第一に、必然的結合の印象が何であるかについて、可能な解釈を二つ提示する（第二節）。次に、その二つの解釈の論点と難点をそれぞれ描写する（第三節、第四節）。さらに、その解釈の一つである印象解釈の難点の原因を、いわゆるヒュームの「コピー原理」を参考に吟味する。そして、コピー原理の適用の仕方を修正することで、その難点の解消を図る（第五節）。最後に、コピー原理の適用の修正によって生じる二つの問題を解決する（第六節）。

第二節　必然的結合の印象についての二つの解釈の素描

ヒュームのテキストをみるかぎり、必然的結合の印象が何であるかについては、二つのタイプの解釈が可能であるように思われる。ただ、その二つの解釈の吟味に入る前に、必然的結合の印象の導入までのヒュームの議論と、その印象についての二つの解釈を、簡単に提示しておきたい。

ヒュームは、因果関係をすべての事実問題についての知識の根源と考え、その探究にとりかかる [Cf. T.1.3.2.2–3; E.4.2–5]。そして、原因と結果となる対象は、時間的先行と時空的近接という関係のうちにあることを発見する [Cf. T.1.3.2.5–9]。しかし、因果関係にとってより本質的であると思われる必然的結合は、対象の側にはみいだされない [Cf. T.1.3.2.11–2; E.4.15f]。時間的、空間的に連続した対象があったとしても、その対象をいかに調べたところで、その対象が何らかの原因だったり結果であるということは、決してわからない。運動しているビリヤードボールが別のボールに衝突したとしても、第一のボールがもう一方のボールの運動を引き起こすということを、ボールそのものをみて認識することはできない。そこで、ヒュームは間接的方法として、目の前にある対象から何か別のことが起こると信じるようになる推論に目を向ける。ヒュームは、この推論は「過去にAという対象に続いてBという対象が起こった」という恒常的随伴の知覚を契機として遂行されるようになるが〔Cf. T.1.3.6.3; E.4.6f〕、この推論の際に、必然的結合の観念のもととなる印象が獲得されるという〔Cf. T.1.3.14.1, 22; E.7.28〕。しかし、この印象に関して、ヒュームは首尾一貫しているようにはみえない。この印象は、ある箇所では、「感じ」や「情感」〔Cf. E.5.11〕といった概念と結びつけられるが、別の箇所では「様式」や「規定」〔Cf. T.1.3.7.7Ap; T.1.3.14.1; E.5.12〕といった概念と結びつけられる。しかし、これらの概念は明らかに異質であり、[1] ヒュームの態度の曖昧さがみてとれる。加えて、必然的結合の印象がどちらの概念群と結びつくにしても、解釈上の避けがたい問題が生じる。そのような状況のなか、この問題に関して、次の二つの見方が可能である。

第一の解釈では、必然的結合の印象は、因果推論の際にわれわれがもつ感じ、情感であり、あくまでヒューム哲学における公式的な印象であることが強調される。ヒュームの『本性論』、『知性研究』を通じてみられるこの考え方は、因果推論の項である原因と結果の対象の知覚とは別に、ある印象が考えられ、これが必然的結合の印象であると考えられる。この解釈を、以降、印象解釈とよびたい。また、第二の解釈では、必然的結合の印象は、因果推論を通じて対象を知覚する時の、ある特有の様式を指すこ

[1] この異質性の問題、およびそれを問題視する自然主義解釈については、本書第二章を参照。

とが強調される。この考え方は、とりわけ『本性論』の『付録』や『摘要』に見られるが、その場合、因果推論の項となる対象の知覚以外の印象は考えられていない。この解釈を、以降、印象解釈に対して、様式解釈とよぶことにする。

以上のような問題意識や分類方法は、例えばストラウドの次のような言葉によって明確に表現されている[2]。

> ヒュームは、必然性の観念の可能な原因として、二つの異なる候補を分ける。すなわち、ある対象の観念から、それに通常伴うものの観念へ移るという心の規定と、規定の印象ないし感じである。もし彼〔ヒューム〕が単に、心の規定が、必然性の観念をわれわれに獲得させる原因になるものだといっているなら、彼の「第一原理」は破られるだろう。彼は、印象とは異なる何かによって引き起こされる観念をみいだすことになるからである。それゆえ、彼は、その観念が規定の印象ないし感じによって引き起こされるといっているのかもしれない。しかしその印象ないし感じは、心の内の二つの出来事の間の結合に客観的にあてはまる、何ものかについての直接的な知覚であると解することもできない。そのことは、個別的事例を観察することから、われわれは決して必然性の印象を獲得しないという、彼の根本的な主張を破ることになるからである。[Stroud 1981: 85. 傍点強調、括弧による補足は筆者による]

ここでストラウドがいっているのは、次のようにまとめられる。仮に、必然的結合の観念が、それ自体印象ではない心の規定によって生み出されるのであれば、その観念は対応する印象をもたないことになり、ヒュームのコピー原理を満たさない。逆に、必然的結合の印象があるとしても、印象が感覚や感じである以上［Cf. T.1.1.1: E.2.1］、その印象が「必然的結合」という関係を直接表すことはない。それゆえ、ヒュームはこの問題において、ディレンマを抱えることになる。

さて、無論、ヒューム哲学の基礎となる概念は印象である［Cf. T.1.1.1.7f: E.2.9］。それゆえ、本来は必然的結合に関しても、印象解釈がその本流となるべきである。しかし古典的には、「ヒュームは様式と、複合的な知覚を構成するさまざまな単純なものを区別していない」、「ヒュームは印象の反復と印象の反復の印象を混同している」というホワイトヘッドの批判［Cf. Whitehead 1978: 131–5］において、様式解釈の下地が準備されている。一方でレアードは、ホワイトヘッドの批判を踏まえ、必然的結合の印象の存在を認めつつ、「反復のあとに現われる鮮明な心理学的事実は、ヒューム自身の用語では、様式であって、「印象」でも「観念」でもない」と結論づけるべきだったと主張する［Cf. Laird 1983: 127–30. 傍点強調はレアードによる］。加えて、自然主義解釈の立場にあるストラウドやマウンスは、ヒュームの観念説が抱える不備を指摘する観点に立って、様式解釈をとることで、より整合的なヒューム解釈を与えることができると考える。[3] しかし、第三章でみたように、この解釈では、ヒュームの観念説の経験論的側面が捨象され、印象、観念概念はあまり重要視されていないことには注意すべきであろう。一方でヌーナン［Cf.

［2］以下に示されるストラウドの問題意識は、ペアーズにも共有されている［Cf. Pears 2002: 111–3］。

［3］ストラウド、マウンスらの解釈については、本書第三章第三節参照。

Noonan 1992: 140–53〕やペアーズ〔Cf. Pears 2002: 94–116〕は、必然的結合の印象の分析を試み、その印象の意味について考察しているが、それでもその印象解釈が抱える難点について意識している。概略的ではあるが、必然的結合の知覚が抱える問題や、その解釈史は、およそ以上のようなものである。以降では、様式解釈、印象解釈の双方の内実、それらが抱える問題についてみていきたい。

第三節　様式解釈の論点と難点

様式解釈の論点は以下である。われわれは習慣的な因果推論を行い、現前しない対象を考える際、虚構や夢想によって思い描く対象とは異なる仕方で対象を考える。推論で与えられる対象は、恣意的に想像される対象よりも、「優れた力、活気、強固さ、確固さ、安定性」〔T.1.3.7.7.Ap〕をもっている。そして、われわれは、日常的にこの二つの対象を区別できる〔Cf.T.1.3.7.7.Ap〕。次に何が起こるか十分に経験したあとでは、結果として起こる対象を考えるとき、われわれはそれをはっきりと思い浮かべられるし、何か別の要素が付加されたり、対象に含まれる何かが脱落することはない。しかし、この解釈によれば、この区別は、何らかの印象や観念の有無をもとになされるわけではない。信念が指す対象としての「単なる想念に加えて、その想念とは区別できるある印象ないし感じ」〔Ap.4〕を探し求める方針は、うまくいかない[4]。その代わりに、その区別の根拠となっているのは、心の規定ないし様式である。具体的には、信念と虚構は、それ自体は印象ではない、対象の活気、確固さや、その推論の不随意性がその根拠となる〔Cf. Ap.2–3; Ab. 21–2〕。そしてそのような様式が、われわれの必然的結合についての理解に関わると考えられている。すなわちこの解釈では、必然的結合の印象は、実際には正式な印象ではなく、われわれの知覚の一種の様式や規定を意味しているのである。

この解釈は、ヒュームの「この〔新しい〕印象、もしくは〔or〕規定が、私に必然性の観念を与える」［T.1.3.14.1. 括弧による補足は筆者、傍点による強調はヒュームによる］という言葉によって、端的に支持される。すなわち、ヒュームはここで、印象を規定と換言し、さらにその「規定」のほうに力点をおいているとみることができる。また、この解釈の利点は、因果推論の様式が含意するものを、因果性の定義にそのままみいだすことができる点にある。ヒュームは、必然的結合が因果性に含意されるものと考えつつ［Cf. T.1.3.2.11-3］、因果性を自然的関係から次のように定義する。

われわれは、この〔哲学的関係による定義とは〕別の定義を置き換えることができる。すなわち、「原因とは、〔中略〕その別の対象と非常に合一しているために、一方の観念が心を規定して、もう一方の観念を形成させたり、また一方の印象が、もう一方のより鮮明な観念を形成させる」。［T.1.3.14.31. 括弧による補足は筆者による］

ここでいわれている因果性の定義は確かに、「合一している、連関する対象のより鮮明な観念を形成

［4］このことは、例えば存在観念の存在を否定する箇所［Cf. T.1.2.6.3-6］や、存在観念とは異なる、何らかの印象の存在を否定する箇所［Cf. Ap.4］に示されている。

する」という観点において、前述した因果推論の様式の内容と同一である。したがって、この解釈による必然的結合は、因果性の部分をなすものと考えられ、「必然的結合が考慮されるべき」[T.1.3.2.11]というヒュームの言葉と最終的な因果性の定義とが合致することになる。

さらに、様式概念を用いた議論は、因果論以外の領域においても用いられている。例えば、われわれが時間観念を獲得することに関して、ヒュームは次のようにいう。

時間観念は、別の印象と混合しており、それらから容易に区別できるような特定の印象に由来するのではない。その観念は、諸々の印象が心に現れる様式から生じるのであり、独立した（知覚の）数を成してはいない。（中略）時間は、聴覚やその他の感官に現前する第六の印象ではない。またそれは、心が反省によって、自身のうちにみいだす第六の印象でもない。（中略）ここでは、心は、異なる音が現れる様式を覚知する [take notice of] のみである。（中略）時間の想念は、原生的で別個な印象として現れることができないため、それは、ある特定の様式におかれた、すなわち互いに継起している、異なる観念、印象、ないし対象に他ならない。[T.1.2.3.10. 括弧による補足、傍点による強調は筆者による]

ヒュームによれば、時間の観念は、それに対応する時間の印象からえられるのではなく、それ自体印象ではない、諸々の対象が知覚される様式から生じる。これは、様式概念による観念の提示が、因果論以外の主題に適用された具体例である。また、同様の解釈の視点は、延長観念の獲得方法についてもみられる［Cf. T.1.2.3.5f］。以上を実例として、ヒュームが、因果論において様式解釈をとっていたと類比的に考えるのは可能である。

ただし、様式解釈は、次のような問題を抱えている。その問題は、この解釈の立場が、ヒューム哲学全体とかみ合っていないことにある。以降、その問題を三点指摘する。

第一に、様式概念が、ヒュームの哲学体系にどのように組み込まれるかが不明瞭である。様式解釈では、必然的結合の印象が指すものは、感覚や情念のような、ヒュームの公式的な見解における印象ではない。そこで様式は、一種の観念であるか、もしくは印象でも観念でもない何かになる。さて、様式が印象でも観念でもない場合、それがヒューム哲学にどのように取り入れられるかについて、説明が困難になる。また、仮に様式が観念である場合、コピー原理にしたがえば、その観念が由来する印象が存在するはずであり［Cf. T.1.1.1.7］、結局、様式解釈は印象解釈へと還元されてしまうように思われる。

第二に、様式解釈は、様式や規定と結びつく概念と相容れない。ヒューム哲学において、「規定」や「様式」は、「感じ」や「情感」といった概念と結びつく。例えば、ヒュームは以下のようにいっている。

> 心は、自身がある様式によって、必然的に、これらの特定の観念をみるように規定されていると感じ、またそれによって心が規定されるところの習慣ないし関係は、いささかの変化の余地がないことを感じる。［T.1.3.9.3. 傍点強調は筆者による。Cf. T.1.3.7.7.Ap; T.1.3.14.29］

しかし、「感じ」や「情感」という言葉の意味を考えるかぎり、規定や様式が印象と全く関係がないとは考えにくい。ヒューム哲学の基本的枠組みでは、「感じ」は、「印象」と関係する。例えば、印象と観念の区分方法の一つとして、ヒュームは次のようにいう。

誰しも、ひとりでに、感じることと思考することの間の差異を、容易に知覚することだろう。

［T.1.1.1.1. 傍点強調は筆者による。Cf. E.2.1］

ここで、感じることと思考することは、それぞれ印象と観念を知覚することに対応している。他の箇所においても、感じることは、印象をもつという意味で用いられる。[5] それゆえ、仮に様式や「規定を感じる」という表現が適切であるなら、その感じに対応する何らかの印象があると考える方が、より整合的であると思われる。この事情は、「感じ」だけでなく「情感」についても同様である。[6] しかしこのような事情は、様式を印象とは異なるものとして扱う様式解釈とは相容れないといわざるをえない。

また第三に、仮に様式が、公式的な印象とは異なる何らかのものとしてヒューム哲学に位置づけられるとしても、このことが、ヒュームの目的にかなうわけではない。ヒュームがわれわれの知覚を印象と観念に区分する目的の一つは、われわれのさまざまな考えや概念が、それ以前にわれわれに与えられる印象に基づくことを示すことにあった。実際、ヒュームは、因果関係を吟味するにあたり、この目的を明示するとともに、[7] 印象に基づかない観念を提示する学説を再三批判する。[8] しかし、「規定や様式は印象とは関わりをもたない」という立場をとるかぎり、様式解釈は、印象にさかのぼって因果関係の本質を考察するヒューム自身によって批判されることになるだろう。この解釈では、必然的結合の観念のもとになる印象は、いかなる仕方においても提示されないからである。

第四節　印象解釈の論点と難点

印象解釈においては、必然的結合の印象は、あくまで正式な「印象」として扱われる。この印象は、色や香りといった外的な印象というよりも、怒りや喜びといった情念と同様に内的で反省的な印象であり［Cf. T.1.3.14.14］、感覚印象の知覚を受けて、それに反応する仕方でわれわれに生じる。この印象は、感覚される対象や想起される対象の知覚とは別物であり［Cf. T.1.3.14.20］、「恒常的随伴」［T.1.3.6.3］や、対象間の推移の「頻繁な反復」［T.1.3.14.1］をわれわれが知覚することで生じる。このように考えることで、様式解釈とは異なり、必然的結合の印象は、適切にヒューム哲学の枠組みに取り込まれることになる。ヒューム自身、この必然的結合の印象が実際どのようなものであるかについて、これ以上の特徴づけを

［5］例えば、印象が生じることが、感覚を感じるといったことと並置されたり［Cf. T.1.1.1.8］、端的に「印象を感じる」［T.1.2.3.10; T.1.2.5.6; T.1.3.5.7］という表現が散見される。他には、例えば道徳論において、感じと印象が結びつけられる［Cf. T.3.1.2.1］。

［6］例えば、「これらの〔記憶や想像といった〕機能は、感官知覚を模倣、模写することができるが、その知覚は、全体的に原生的な情感の力強さや鮮明さに決して到達しない」［E.3.1. 括弧による補足は筆者による］といった言葉にみられる。ここでは、「情感」は、「印象」と同義に扱われている。

［7］「規則的に始めるため、私たちは因果性の観念を考察し、その観念が何から生じるかをみなければならない」［T.1.3.2.4］という言葉をはじめ、いたるところで、この種の注記がみいだされる［Cf. T.1.3.2.12; T.1.3.14.1; Ab.7; E.7.5］。

［8］例えば、ホッブズ、クラーク、ロックらの説への批判［Cf. T.1.3.3.4-8］などに、その論点をみることができる。

行わない。それでも、例えば、必然的結合の印象は、推論についてのわれわれの「無力さ〔helplessness〕」、推論の「不可避性〔inevitability〕」といった感じ〔Cf. Noonan 1992: 142〕、「因果的結論が強制されているという内的印象」〔Pears 2002: 100; 神野 一九九六：三四-五参照〕であるという補助的な解釈が試みられてきている。

印象解釈が抱える問題は、上述した様式解釈の利点を失ってしまう点にある。[9] すなわち、印象解釈が示す必然的結合の印象が観念化され、それをもとにわれわれが必然的結合を考える場合、その観念は、必然性結合を表現する資格がないようにみえる。なぜなら、この場合における必然的結合の印象は、あくまで感覚や情念に類する、一種の現象的性質にすぎず、そのような性質は、それ自体として、われわれの因果推論のあり方を表現するような観念の内容にはなりえないからである。

このことは、必然的結合の印象が、単純知覚として扱われている点から裏づけられる。[10] 因果関係を構成する関係となる必然的結合を考えるとき、われわれは、少なくとも二つの対象と、その比較の事情という、三つの観念をもつ必要がある〔Cf. T.1.1.4.7f; T.1.3.2.11〕。すなわち、この場合の必然的結合の知覚は、複合的なものである。一方、ヒュームは、必然的結合の印象を単純印象として考えているようにみえる。その理由は、ヒュームが、単純な情念が定義不可能であるのと同様に、この印象もまた、定義不可能であると考えている点にある。

誇りや卑下の情念は単純単一な印象であるため、われわれはどれほど言葉を尽くしても、それらの正当な定義を与えることは不可能である。〔T.2.1.2.1. 傍点強調は筆者による〕

もし、われわれがこの（虚構と信念の間の差異が存するところの）情感の定義を試みるならば、おそらくわれわれは、あたかも冷たさの感じや怒りの情念の経験を決してもたなかった生物に、これらの感じや情念を定義しようとするのと同じように、それが不可能な仕事でないにしても、非常に困難であるとわかるだろう。[E.5.12. 括弧による補足は筆者による]

ここでいわれている「定義」は、一種の専門用語であることに注意されたい。ヒュームは、われわれがある対象を定義できない理由として、知覚の単純性を挙げる。対象の定義は、その対象の部分を構成している単純な知覚を枚挙することで行われる[Cf. E.7.4]。一方、単一の知覚は部分をもたないため、枚挙による定義をすることができない。したがって、単純印象である情念は定義不可能である。そしてヒュームは、必然的結合の印象を示す「情感」に関しても、この定義不可能性を付与している。[11] それゆえ以上を踏まえると、必然的結合の印象もまた、その定義不可能性から、単純であると考えられる。[12] と

[9] 印象解釈が抱える問題は、本章が扱う問題だけにとどまらない。例えば、そもそも因果推論の際に、そのような印象、感じが存在するかどうかが疑われる[Cf. Pears 2001: 51; Beebee 2006: 87]。そしてヒュームも、習慣が十分に根づいている場合、この習慣が無意識化され、印象や感じは知覚されないようになることを意識しているようにみえる[Cf. T.1.3.8.13; E.4.8、本書第三章も参照]。本章では、この問題を扱う余裕はない。さしあたり、そのような印象、感じが存在しうるとして議論を進める。

[10] なお、必然的結合の印象を、ある種の関係的[relational]印象と考えているように思われる論者もいる[Cf. Pears 2002: 100–1, 115]。この解釈では、必然的結合の印象が関係を指示する以上、複合的な印象になる[Cf. T.1.1.4.7]。ヒュームもまた、推論における規定ということで、そのような関係性を含意するような感じを考えているようにみえる箇所もある[Cf. T.1.3.9.3]。ただそのような解釈は、すぐ後で述べる定義不可能性と相容れない。

ところで、このことが正しければ、必然的結合の印象は、観念となる際、必然的結合の関係性を表象することはできない。必然的結合の印象は単純であるが、一方、要求されている必然的結合の観念は、単純ではなく複合的であるはずだからである。別の視点からこの問題を表現するなら、もし必然的結合の観念が、必然的結合が示す関係を正確に表象するものであるなら、印象解釈の考える必然的結合の印象は、その観念と同じ内容をもつとはいえなくなる[13]。

以上、様式解釈と印象解釈の論点と難点をみてきた。さて、両解釈の難点を比較するかぎり、印象解釈よりも、様式解釈の難点を解消するほうが困難であり、それゆえ印象解釈のほうが有力な解釈であると思われる。印象解釈の困難の原因となっているのは、必然的結合の印象と観念の内容の不一致である。一方、様式解釈の難点は、様式や規定といった概念と、必然的結合の印象の現象性との間の齟齬に加え、ヒューム哲学の手法である印象への遡行が不可能になる点にある。したがって、あくまで様式解釈を保持するなら、ヒューム哲学の枠組みや手法の大規模な改変が必要となるし、そのような改変は、明らかにヒュームの目的を逸脱することになる。そこで本章では、これ以降、印象解釈をより有力な解釈と捉え、その解釈の問題点となっている必然的結合の印象と観念の内容の不一致について考察することで、必然的結合の正確なあり方を提示したい。

第五節　必然的結合の印象、観念の関係の考察――コピー原理をもとに

さて、前節で提起された問題に取り組むにあたり、ヒューム哲学の「第一原理」［T.1.1.1.12］であるコ

ピー原理を擬似的に適用したい。ただし初めに注意しておきたいが、コピー原理は、原則的には単純印象と単純観念の間の関係を示すものである。したがって、必然的結合の印象と観念が、コピー原理にしたがっているかどうかを考えることは、正確には適切ではない。現時点で明確になっているのは、必然的結合の印象が単純であることと、問題となっている印象と観念が、ともに「必然的結合」とよばれていることだけで、必然的結合の観念が、必然的結合の印象と同内容の、単純な知覚であるとは判明していないからである。[15] しかし、この印象と観念の間の関係を吟味するためには、それらがもつ内容の類似関係と、それらを知覚する際の時間的関係を考えることが有益であると思われるため、コピー原理にならって、必然的結合の印象と観念の関係を考察していきたい。すなわち、以降本章では、印象や観念が単純か否かを問わず、ある観念が、それに対応する印象と同じ内容をもつことを、類似原理とよぶ。ま

［11］確かに引用部においては、ヒュームは、必然的結合の印象について、定義が「非常に困難」といっているにすぎない。ただ、この箇所に先立ってヒュームがいっているのは、単純な知覚を受けたことのない人に、言葉によってその知覚を説明することであり、このことは後にみるように（本章第六節）、定義不可能性に関わっている。

［12］必然的結合の印象の単純性については、ハレ&マッデン［Cf. Harre & Madden 1975: 55］やストラウド［Cf. Stroud 1981: 85–6］、ブロートン［Cf. Broughton 1987: 220］も指摘している。

［13］そこでヌーナンは、必然的結合の印象を単純なものと認めた上で、それが必然的結合の理解に何ら関係がないと考える。この場合、この印象は、われわれの推論に随伴するものでしかなく、他の部分とかみ合わずに回る歯車に例えられる［Cf. Noonan 1992: 153］。このように考えることで、ヌーナンは、印象解釈によるヒュームの議論の擁護を諦めてしまっているようにみえる。類似する解釈は、ストラウドにもみられる［Cf. Stroud 1981: 85–6］。

［14］コピー原理、およびそれを構成する類似原理、先行原理については、本書第二章を参照。

［15］しかし前節で指摘したように、仮に必然的結合の観念がその印象の正確なコピーであり、それゆえ単純であるならば、その観念が関係性を表象するとは考えにくい。

た、ある観念に、それに対応し、それより先に知覚されている印象があることを、先行原理とよぶ。例えば、ある複合的印象Aがあり、それと同内容をもつ複合的観念Bがあれば、AとBは類似原理を満たす。また、ある印象Cと観念Dがあり、それらが同じ内容をもたないとしても、Cの知覚がDの知覚に必ず先行するならば、CとDは先行原理を満たす、ということになる。

さて、まず初めに、ヒュームが因果論を論じるにあたり、目的の一つとしていることを明確にしておきたい。

> われわれは因果性の観念を考察し、それがいかなる起源から生じるのかをみなければならない。われわれがそれに関して推論する観念を完全に理解することなしには、正しく推論することはできないし、観念をその根源にまで遡及し、そこからその観念が起こるところの本源的印象を調べることなしには、その観念を理解することは全く不可能である。印象の調査は、観念に明晰さを与え、また観念の調査は、われわれのあらゆる推論に、同様の明晰さを与える。[T.1.3.2.4]

ヒュームが因果論において意図しているのは、必然的結合を含意する因果性の観念の完全な理解、明晰化である。ここで、完全な理解、明晰化とは、ある単語に適切な観念を適用し、かつその観念に対応する印象を指摘することを意味する[Cf. T.1.3.14.27]。そこで、類似原理および先行原理が、実際にヒュームの因果論に関してこの目的に資することができるかどうか、考察していきたい。

まず第一に、類似原理について考えよう。類似原理が適用されている場合、必然的結合の印象と観念は同内容であり、またその印象のほうが単純であることが確定しているため、その観念もまた単純である。この場合、必然的結合の観念の内容は確定するが、その観念は、関係としての必然的結合の理解に関わらない。加えて、その印象へ遡行するとしても、必然的結合自体を理解することにはつながらない。その印象に遡行し、同内容の観念を明晰に把握することだけでは、単なる心の動きに伴う感じを明確化することにしかならず、必然的結合が含意する関係を理解することにはならないからである。すなわち、類似原理が適用される場合、「必然的結合」という言葉を、その印象の像である単純な観念にあてることになるが、これは適切ではない。それゆえ、必然的結合の印象と観念が類似原理にしたがうと考えるのは、ヒュームの目的にそぐわないように思われる[16]。

次に、先行原理についてはどうだろうか。ヒュームの課題は、正確に発見されていない必然的結合の観念を明晰に獲得することであった。そのために、ヒュームは、その観念の探究の手がかりとなる印象を必要とする。ここで、先行原理を放棄すれば、その手がかりが不要になり、必然的結合の観念を直接探究する道が開ける。しかしその場合、ヒュームが他の哲学者の学説を批判する際の、「印象への遡行の不在」という論点が、そのまま自身に降りかかることになる。それに加え、理性を用いた論理的推論によって必然的結合を直接みいだす方策が成功しないことは、ヒューム自身が示してきたことである [Cf. T.1.3.3f; E.4.6]。それゆえ、先行原理の放棄は、ヒューム哲学の目的と相容れない。ヒュームは、自

[16] もちろんこのことは、必然的結合の観念は、その構成要素に関して、先行する印象を全くもたないということを意味するのではない。必然的結合の観念が考えられる際、その構成部分の観念には、先行して知覚され、同内容をもつ印象が当然存在する。類似原理の放棄は、むしろ、必然的結合の観念が、単純で内的な必然的結合の印象の正確な模写ではないということを意味している。

身の態度を徹底しようとするなら、先行原理にしたがって、必然的結合の印象を先に探す必要があるのである。

以上の議論を通じて判明したことは、ヒュームが必然的結合について議論する際、先行原理にのみしたがう必要があるということである。ところで、ヒュームのテキストをみるかぎり、ヒュームは実際にこの方針をとっているようにみえる。このことを、類似原理、先行原理ごとに確認してみよう。

まずは類似原理についてである。ヒュームが「必然的結合の観念」という表現を用いるとき、その観念によって、必然的結合の印象と同内容の淡い像［faint images］［T.1.1.1; Cf. E.2.3］を念頭においているわけではない。例えばヒュームは、「必然性の観念は、ある印象から生じる［arises from］」［T.1.3.14.22］という。しかし、このような表現が、それ自体、「必然的結合の観念が、その印象と同内容のコピーである」ということを論理的に含意しているわけではない。また、ヒュームが必然的結合の観念を扱うのは、因果推論や因果性の分析の場においてである。例えば、『本性論』第一巻第三部第十四節や、『知性研究』第七節のタイトルは、「必然的結合の観念について［Of the idea of necessary connexion］」（傍点強調は筆者による）である。これらの節はいずれも、必然的結合が、習慣的な因果推論と関係することを迂回的方法によって示した後で、その考察結果をもとに、必然的結合、そして因果性がどのようなものであるかについて、ヒュームが立ち返って分析する箇所である。そして、この分析の際にテーマとなっているのは、推論の際に感じられる具体的な知覚的性質としての必然的結合の印象ではなく、あくまで因果推論の形式や関係性である。[17] この事情が示唆するように、ヒュームは、必然的結合の印象と観念に対して、異なる内容を与えており、みずから類似原理を破っているのである。

続けて、先行原理について。少なくともわれわれ一人ひとりの経験に訴えるヒュームの立場では、因果推論の様式を分析するということは、明らかに個別具体的な因果推論を先に経験している必要がある。その分析を通じて、必然的結合の観念がえられるのであるが、ヒュームによれば、その分析に先行する具体的な因果推論の際に、われわれは、必然的結合の印象を知覚している。つまり、必然的結合の印象は、ヒューム哲学の枠組みでは、確かに必然的結合の観念に先行して生じることになる。したがって、ヒュームは、これらの印象と観念に関して、先行原理を満たしているということができる。

以上を踏まえると、結果的にヒュームは、必然的結合の印象と観念に関して、先行原理のみを適用している。もしくは改めて言明するなら、ヒュームはそうすべきである。なぜなら、この方針は、これから別の問題と並行してみるように、必然的結合の観念の明晰化という目的を果たすための必要条件として、適切であるように思われるからである。

第六節　「必然的結合」の指定の問題

われわれはこれまで、必然的結合の知覚が、類似原理を放棄し、先行原理にしたがうと考えることで、

---

[17] 例えば、「われわれは必然性の観念を全くもたないか、もしくは必然性は、それらの経験された合一にしたがって、原因から結果へ、そして結果から原因へと思考が規定されることに他ならない」[T.1.3.14.22]、「必然性や能力といった性質が、ある対象の観念から、通常それに伴うものの観念へと移行するという規定とみなされないかぎり、われわれがその性質についてのもっともおぼろげな観念でさえ、形成することはできない」[T.1.3.14.25] といった言葉にみてとることができる。

印象解釈の整合性の保持を試みてきた。しかしこのことは、別の問題を引き起こす。そして、その問題は二つに分けられる。前節までの議論で、必然的結合の印象と観念は、それぞれ異なる内容を有することが確認されたが、それではなぜ、内容の差異にもかかわらず、ある印象と観念に、同じ「必然的結合」という性質を指定することができるのか。これが第一の問題である。また、仮に異なる内容をもつ印象と観念に「必然的結合」という言葉をあてることが適切であるとすれば、その「必然的結合」の指定において、いったい何が行われているのか。これが第二の問題である。ただヒューム自身、著作を通じて「必然的結合の観念」という表現はたびたび用いるが、「必然的結合の印象」という表現は一度も使っていないため、実際にはこれらの問いは適切ではないかもしれない。しかし、確かにヒュームは、必然性の観念がそこから生じるところの「ある印象」［T.1.3.14.22］について語っており、仮にそれに何らかの名がつくとすれば、「必然性」ないし「必然的結合」の印象であるのは自然であると思われる[18]。

　さて、第一、第二の問題はともに、必然的結合の印象と観念が、先行原理のみにしたがい、類似原理にはしたがわないと考えることから生じる。その問題性は、先行原理とともに類似原理にしたがう事例を対比的に考えれば、より明瞭になる。例えばヒュームは、単純な可感的性質の印象と観念について、以下のようにいう。

> 子どもに緋色やオレンジ色、甘さや苦さの観念を与えるためには、私は対象を提示する。いいかえれば、彼にこれらの印象を伝達する。［T.1.1.1.8］

ここで、例えば緋色の印象と観念は、類似原理、先行原理の両者にしたがっている。すなわち、緋色の印象が先に知覚され、またその色の観念は、先行して知覚される印象の同内容の淡い像である。さて、引用した事例では、緋色の印象が直示され、それに「緋色」という言葉が結びつけられる過程があることで、その観念にも「緋色」という言葉が結びつく。直示の場面で知覚された色と同質である心像にも、直示の場面で聞こえた言葉である「緋色」が関係し、結果的にその心像が「緋色」であると理解されるようになる。しかし、内容の同質性を欠いている必然的結合の場合、この種の名づけの適切性を保持するのは難しい（第一の問題）。加えて、緋色の場合、「緋色」という言葉の名づけは、印象を経て観念におよぶ。一方、ヒュームの議論をみるかぎり、「必然的結合」という言葉は、観念経由で指定される。このことは、次のような事情にあらわれている。必然的結合は、そのうちに「結合」を含意し、すでに確認したように一種の関係である［Cf. T.1.3.2.11］。それゆえ、前節までの議論を踏まえると、必然的結合は、本来は複合的である観念のみに指定されうるものである。すなわち、少なくとも必然的結合に関して、色の印象と観念の直示的名づけの事例をそのまま用いることはできない。「必然的結合」と名のつく印象が仮に適切であるとすれば、それが観念経由でどのように導入されうるか、このことを考える必要があるのである（第二の問題）。

ところで、以上の問題を考察する際、ロックが「固性［solidity］」の観念を導入する仕方が、非常に示

［18］実際、ヒューム解釈者は、この印象が「必然性の印象」ないし「必然的結合の印象」であることを当然視しているようにみえる［Cf. Stroud 1981: 88; Noonan 1992: 103, 111, 142, 153］。

唆的である。ロックは、固性の観念を扱う際、二つの異なる視点をもっている。以下に示すロックの引用は、その第一の視点である。

われわれは、**固性の観念**を、われわれの触官経由で〔by our touch〕受け取る。そしてそれ〔固性の観念〕は、物体が占めている場所に、他の物体が入ってくるのに対し、その他の物体がそこから離れるまで抵抗することから生じる。〔EHU.II.iv.1. 太字強調はロック、括弧による補足、傍点強調は筆者による〕

もし誰かが私に、**この固性が何であるか**と尋ねるなら、私は彼に、彼の感官に目を向けさせよう。彼の手の間に火打石かフットボールをおかせ、そして彼の手を合わせさせよう。そうすれば、彼は〔固性が何であるか〕わかるだろう。〔EHU.II.iv.6. 太字強調はロック、括弧による補足、傍点強調は筆者による〕

この第一の視点では、固性の観念は、それ自体は固性ではないが、物をもった際の抵抗感のような可感的経験からえられる。一方、第二の視点では、固性の考え方に変化がみえる。

われわれのうちに感覚を引き起こすに十分な大きさの物質、塊以外においては、われわれの感官はそれ〔固性の観念〕を覚知しないが、それでも、一度そのような巨大な可感的な物体からこの観念をえてしまえば、心は、それ〔固性の観念〕を敷衍し、およそ存在しうるもっとも微細な物質の粒子においてすら、形とともにそれ〔固性の観念〕を考察する。〔EHU.II.iv.1. 太字強調はロック、括弧に

よる補足、傍点強調は筆者による〕

第二の視点では、固性は、物体がもつ一次性質〔primary quality〕という観点から考えられている〔Cf. EHU.II.iv.8f〕。このことは、われわれに知覚されない粒子に対し、この観念が適用されていることから明らかである。そしてとりわけ、この概念的な性質は、固性からの消極的な帰結である「不可入性〔impenetrability〕」の観念と換言される〔Cf. EHU.II.iv.8f〕。つまり、ここでいわれている固性の観念は、明らかに第一の視点から得られる固性の観念とは性質を異にする。ただ同時に、ロックが可感的性質を経由する固性の側に、観念の有意味性に関して優越性を与えていることに注意すべきである。

われわれがもつ単純観念は、経験がわれわれに、それを教えてくれるような類のものである。しかし、もしそれ〔経験〕を超えて、言葉によって、われわれがそれら〔単純観念〕を心のなかでより明晰にしようとするなら、話すことで盲人の心の暗闇を晴らし、語ることで光や色の観念を彼〔盲人〕に取り入れさせようとする場合と同様、成功しないだろう。[19]〔EHU.II.iv.6. 太字強調はロック、括弧による補足は筆者による〕

ここでロックがいおうとしていることは、仮に固性の観念が、触覚的経験なしに、単に言葉によって

〔19〕この引用の後半部が、ヒュームによる信念の情感についての定義不可能性を語る際の比喩と類似していることに注意されたい。

導入される場合、その観念の明晰化は困難であるということである。目が見える人が、生来の盲人に対して、「赤とは物がもっている色のことで、例えばリンゴや止まれの信号が赤である」と説明するにしても、赤そのものの視覚的性質がどのようなものであるかについて、盲人が理解することは不可能に近い。そしてそれと同じことは、固性の観念にもあてはまるというわけである。その意味で、ロックは、抵抗感のような可感的性質の経験からえられる固性に、物質の一次性質としての固性に対する優越性を与えている。

以上のロックの議論の構造は、ヒュームの必然的結合の知覚の場合にも同様にみられる。そして二者の議論を対比してみることは、ヒュームの経験論的な目的を理解するとともに、上記の二つの問題を解決するのに役立つように思われる。ロックの議論をヒュームの必然的結合に適用すると、次のような解釈ができるだろう。必然的結合の印象は、固性の例において、われわれが具体的にえられる感性的経験に対応する。また、必然的結合の観念は、物質の一次性質としての固性に対応する。この対応関係から、次のことが帰結する。すなわち、必然的結合の印象は、固性の観念を導く触覚的性質と同様に単純であり、われわれが具体的に現象として知覚しうる性質である。これは、われわれの心に直示されるもので、言葉による定義を許さない[20]。そして、そのような可感的性質が生じる状況の分析が行われる。ロックの固性の場合、知覚可能な物体から抵抗感をえることにより、その物体が固性をもつと考えられるようになり、その結論が、微小さゆえに知覚されない物体にも敷衍される。ヒュームの必然的結合の場合、印象が発生する場において生じている推論の様式が分析されることにより、必然的結合の観念が導出される。そして、必然的結合の印象は、固性に関わる抵抗感と同様、それに対応する観念に先んじて知覚されることで、われわれが必然的結合の観念を理解するための共通の目印となり、その理解、明晰化の補助となる。ヒュームの必然的結合とロックの固性を対応させるとき、およそ以上のような類比的解釈が可能である。それでは、この解釈が、どのように上記の二つの問題を解消するか、みてみよう。

第一の問題は、必然的結合の印象と観念の内容の同質性ではなく、それらが、ある特定のものにともに関わるということが、同じ言葉をあてられる条件であると考えることで、解消される。ロックの固性の場合、物体から与えられる感覚と、物体の性質の分析という二つの視点から、観念が与えられる。この際、「物体」が、観念の形成に共通して関わっている。一方、ヒュームの必然的結合の場合、その共通項は「習慣的な因果推論」である。具体的には、推論の際に生じる一種の内的な現象である「予感」ともいうべきものが、必然的結合の印象にあたり、推論の分析の結果えられる様式が、必然的結合の観念にあたる。ヌーナンが指摘するように、この予感それ自体は、随伴的に現れる単純な知覚であり、推論におけるもう一方の項と関わる関係性や、ヌーナンやペアーズが考えるような、推論の強制性、不可避性を含意しない。それゆえ、この印象自体は、必然的結合の認識に直接関わることはない。さて、「因果推論にともに関わる」という条件によって、異なる内容をもつ印象と観念が、同じ名前をもちうると思われる。しかし、このままでは、あてられる同一の名前が、「必然的結合」である保証はない。そのためには、第二の問題の解決を待つ必要がある。

第二の問題は、必然的結合の印象が、その観念に意味を間接的に保証し、観念の理解を可能とすると

［20］ロックもまた、固性が、単純観念であることを理由に、定義不可能であると考える［Cf. EHU. III.iv.4f.］。

いう答えによって、解消される。固性の観念に関わる可感的性質は、それ自体では、ある種の抵抗感といったものにすぎない。したがって、その性質自体は「固性」を直接表象するものではない。しかし、その抵抗感は、われわれに実感され、物体がもつとされる一次性質の分析の目印となることで、「固性」ないし「不可入性」の観念の獲得に寄与する。一方、ヒュームの必然的結合の場合、因果関係において、時間的先行と時空的近接の他に、考察されるべき「必然的結合」があるはずだという前提から出発する[Cf. T.1.3.2.11]。すなわち、因果関係に特有な関係の観念を探究する段階で、すでに「必然的結合」という名前が用意されており[21]、それは、整合的であるかはともかくとして、「必然的結合」という事態が因果関係のなかに成立しているという考えが事実としてわれわれに生じていることに由来する。一方、因果推論の際に感じられる予感は、それ自体では、必然的結合に関わるものかどうかは不明である。しかしその予感は、因果推論の際に随伴する特定の印象であり、因果推論の様式の理解を共有、明晰化するための条件となる共通の実感となりうる。例えば、ヒュームが因果推論の様式をわれわれに確証づける際に、その様式が含意する関係性を説明しつつも、最後には「万人の感じに頼らざるをえない」[T.1.3.7.7Ap; Cf. E.5.12]というとき、まさにヒュームは、われわれに共通して与えられる実感を求めているように思われる[22]。加えて、因果推論の様式の分析が行われ、そこに想念の規定がみいだされると、この予感は、推論の規定という意味での必然的結合の理解についての目印であるという点から再解釈を受け、「必然的結合」という性質を指定し直されると考えることができる[23]。

第七節　おわりに

以上、第二章と第三章と重複する箇所はあるが、ヒュームのいう必然的結合の印象と観念について、整合的と思われる関係を探ってきた。概観すれば、必然的結合の印象は、われわれが因果推論を行う際に感じられる「予感」のようなものであり、これは単純印象として知覚される。一方、必然的結合の観念は、因果推論の様式の分析結果であり、複合的である。この考えは、確かに、ヒュームが第一原理と謳うコピー原理、特にそこに包含される類似原理をみずから破ってしまうようにみえる。しかし、ヒュームが目的とする必然的結合の観念の明晰化は、コピー原理に厳密にしたがっていては決して果たされない。この目的は、コピー原理の一部分である類似原理を放棄し、先行原理を遵守することで初めて達成される。そして、この予感は、必然的結合の観念の獲得の過程で、その目印になるという意味から、

〔21〕このことは、因果性に必然性が関わるということが、「哲学における一般的格率」［T.1.3.3.1］の形で、すでに当然視されたものとして用意されている点にみられる。
〔22〕この点については、本書第二章、第三章を参照。
〔23〕このように考えることで、例えば、「必然的結合の観念はその印象から生じる一方で、その印象自体も、それが「必然的結合」の印象であることについて、必然的結合の観念に依っている」という批判について、返答することができる［Cf. Stroud 1981: 88］。必然的結合の印象は、初めから「必然的結合の」印象ではなく、因果推論の様式の分析を待って、「必然的結合の印象」になる。その意味で、必然的結合の印象は、その観念から「必然的結合」という名を受ける。一方、必然的結合の観念も、「必然的結合」という名を外部から与えられつつ、それがヒューム哲学において正当な観念であることについて、共通の実感である必然的結合の印象におっている。以上のような印象と観念の相互依存関係は、問題となるような循環であるようにはみえない。なお、久米は、この問題に情動主義的な視点から取り組んでいる［久米 二〇〇五：九五–一〇九参照］。

単なる「予感」の印象ではなく、「必然的結合」の印象と名づけ直される。

　本章で論じた必然的結合の問題、およびその知覚の関係は、第二章で考察した関係の知覚についてのヒューム哲学の構図の典型をなす。すなわち、必然的結合の知覚に関しては、先行原理だけが適用可能である一方で、必然的結合の印象は、必然的結合が含意する因果推論の様式という関係を理解するための、共通の目印となる。確かに、ある観念ないし概念の根源や由来を知ることそれ自体が、その内容の明晰化に関わるわけではない［Cf. Frege 1988: 6-8］。それゆえ、その認識の目印である印象を求めるというヒュームの態度は、本質的には、因果推論の様式の認識には直接寄与するわけではないだろう。ただし、観念説を枠組みとして、ヒュームが印象に遡行しようとする態度は、第二、第三章で考察したように、人間本性を共有するわれわれ一般に、経験を通じて確認される過程を与えることから、間接的にその観念の明晰化に貢献しうると思われる。その内観で確認されるのは、かつてギャレットが示唆したように、人間にもともと備わっている「因果感［causal sense］」［Cf. Garrett 2009: 80f］であり、そのような本性的感覚による根拠づけは、「道徳感」による道徳の根拠づけと並行しているといえよう。このようにヒュームの因果論をみるとき、ヒュームが一般に行おうとしているのは、「人間は本来こういうものである」という像に、主観的な感じを経由して間接的に接近する試みなのであって、その限りで、ヒュームの観念説はうまく機能するように思われる。

第二部　人間本性を離れて

第五章　ヒューム哲学における二つの「原因」

第一節　はじめに

本章では、『本性論』、『知性研究』のなかで、ヒュームが原因概念を定義する箇所と、因果性についての規則を扱う箇所を対比的にとりあげる。これまで多くの論者によって、ヒュームによる原因概念の定義は、ヒュームの因果論の結論を示すものとして扱われてきた。しかし、確かにヒュームは原因についての定義を与えてはいるが、特に因果判断の規則が登場する箇所においては、その定義に収まらない原因概念が散見される。この事情を踏まえ、近年、原因の定義問題は、定義がなされている箇所のみにとどまる考察に加えて、ヒューム因果論全体における「定義」の相対的な位置づけについての考察も増え始めてきている。[1] そこで本章では、この視点の移行の際に重要になってくる「反省［reflection］」概念の役割や、原因概念ごとに異なる正当化の仕方を念頭におきつつ、ヒュームの因果論における原因概念を吟味し、ヒューム因果論の複層的な構造を浮き彫りにしたい。

本章においては、以下のように議論を進める。まず、本章の考察対象である、ヒューム因果論における二つの原因概念、すなわち定義箇所における原因概念と規則箇所における原因概念を提示し、議論に必要な枠組みを準備する（第二節、第三節）。次に、それらの間の共通点、および定義内容と様相に関する相違点を指摘する（第四節、第五節、第六節）。そして最後に、定義箇所における原因の正当化の可能性を提示する（第七節）。以上の議論により、ヒュームにおける二つの原因概念の差異が強調され、ヒュームが原因を定義する際の意図がより明瞭に示されるとともに、ヒューム因果論、さらにはヒューム哲学が一般に有している二面性が明らかになる。

第二節　定義箇所における「原因」

ヒューム因果論における原因の定義は、ヒュームが『本性論』第一巻第三部で取り扱う認識論や因果論の結論部で初めて提示される。その部の第十四節で、これまでの考察の結論として、ヒュームは以下のように原因の定義を与える。

この（因果）関係に関して二つの定義が与えられうる。これらの定義は、同じ対象を異なる視点で提示するという点で異なるにすぎない。または、この（因果）関係を哲学的関係としてか、もしくは自然的関係としてわれわれに考察させるという点で、すなわち二つの観念の比較としてかそれら観念の間の連合として考察させるという点で、異なるにすぎない。［T.1.3.14.31. 括弧による補足、傍

点強調は筆者による〕

われわれは原因を、「ある別の対象に先行、近接する対象で、この対象に類似するすべての対象は、前者の対象に類似する対象と、似たような先行、近接関係におかれる」と定義することができる。〔T.1.3.14.31.〕

われわれはこの別の定義を代わりに置くことができる。すなわち、「原因とは、ある別の対象に先行、近接する対象であり、その別の対象と非常に合一しているために、一方の観念が心を規定して、もう一方の観念を形成させたり、また一方の印象が、もう一方のより鮮明な観念を形成させる」。〔T.1.3.14.31〕

このうち、第二の引用における定義は、第一の引用に示される「哲学的関係」による定義である。この定義には、因果関係を定義するために「（時空的）近接」〔T.1.3.2.6〕、「（時間的）先行〔priority〕」〔T.1.3.2.7〕、

〔1〕筆者がみるかぎり、ヒュームの原因概念にある程度の多義性があり、そのうち、想像による本性的なものと、反省に基づく規則的なものの対立に注目する態度は、ハーン〔Cf. Hearn 1970: 405-22〕によって比較的早期に明示された。一方、典型的な解釈は、ロビンソン、リチャーズ、ゴッターバーンらの議論にみられるように、ヒュームによる原因の定義問題を、論理的観点から扱う〔Cf. Robinson 2002a: 361-71; 2002b: 381-5; Richards 2002: 372-80; Gotterbarn 2002: 386-90〕。また、鵜殿は、原因の「定義」が何を意味するかについての問題を扱っている〔鵜殿 二〇一一：一九-三四参照〕。

そして「恒常的随伴」〔T.1.3.6.3〕という三つの関係が含意されており、以降この定義をD_pとよぶことにする。また、第三に引用した原因の定義は、同じく初めの引用内の「自然的関係」による定義であり、これをD_nとよぶ。

ヒュームは、『知性研究』第七節の後半部でも、同様に原因についての定義を与える。ただし、この箇所においては、『本性論』の定義と比べると、一部改変が加えられている。

似たような対象は、つねに似たような対象と連接している。（中略）この経験に即して、われわれは原因を、「別の対象に後続され、それに類似するすべての対象は、第二の対象に類似する対象に後続されるような対象である」と定義できる。もしくは換言すれば、「第一の（原因としての）対象がなかったなら、第二の（結果としての）対象も決して存在しなかった」（、と定義できる）。〔E.7.29. 括弧による補足は筆者による〕

原因の出現は、つねに、習慣的移行によって、心を結果の観念へともたらす。われわれはこのことについても経験を有している。したがって、この経験に即して、われわれは原因についてのもう一つの定義を形成し、原因を、別の対象に後続され、その出現がつねに思考をもう一方の対象へともたらすような対象ということができる。〔E.7.29.〕

この箇所では、「別の対象に後続され、それに類似するすべての対象は、第二の対象に類似する対象に後続されるような対象」、「第一の（原因としての）対象がなかったなら、第二の（結果としての）対象も決して存在しなかった」という部分が上記のD_pに対応し、「別の対象に後続され、その出現がつねに思考をもう一方の対象へともたらすような対象」という部分がD_nに対応する。さて、『本性論』と『知性研究』を通じてD_nの内容は変化していない一方、D_pに関しては、『本性論』において含まれていた「（時空的）近接」が『知性研究』においては離脱し、代わりに「第一の対象がなければ、第二の対象は存在しない」という反事実的条件のような関係が入り込んでいる。この差異について、本書で詳しく論じる余裕はないが、[2]さしあたって今後の議論のなかでは、D_pを、「（時空的）近接」、「（時間的）先行」、「恒常的随伴」の三関係を含意するものと考えたい。そして、D_pとD_nによって定義される原因を、以降C_1とよぶことにする。[3]

第三節　規則の提示箇所における「原因」

ヒュームによる原因の定義は前節で述べた通りであるが、一方で、『本性論』の定義部分に続く第十

[2] この問題については、別の機会に論じる予定である。さしあたって、ヒュームが『知性研究』において、R_4の内容を原因の定義に含めたことは、C_1の性質を考えれば、ヒュームの過失であると考えられることを指摘しておきたい。

[3] 論者によっては、定義箇所におけるD_pとD_nは、外延的に異なることから、D_pのみを定義として認める［Cf. Robinson 2002a: 361–7］。しかし筆者は、リチャーズやゴッターバーンらとともに［Cf. Richards 2002: 373–7; Gotterbarn 2002: 386–8］、同じ対象である原因の「異なる視点を提示する」［T.1.3.14.31］という言葉を重視して、D_p、D_nがともに原因の定義として成立すると考える。

五節において、ヒュームは次のようにいっている。

対象が全く相容れないわけではない場合、何ものも、因果関係が全く依存しているところの恒常的随伴を対象がもつことを妨げはしない。それゆえ、すべての対象が相互に原因、結果になることはありうる以上、対象が本当に原因ないし結果である場合をわれわれが知りうるための、いくつかの規則を定めるのは適切かもしれない。〔T.1.3.15.1-2. 傍点強調は筆者による〕

この箇所で着目すべきは、D_pおよびD_nによって定義されるC_1と、この箇所における原因が区別され、さらに後者が、「本当に原因である」ような対象として表現されていることである。つまり、この箇所でヒュームは、D_pとD_nを満たす対象C_1が、適切な原因として実際の経験に不適切であるような事例を想定している。ヒュームはこの箇所の後、節の名前にもなっている「因果を判断するための規則〔Rules by which to judge of causes and effects〕」を八つ与え、これによって、原因とみなされる対象が実際に原因であるか否かを判断すべきであると考える。以下、その規則を簡潔に提示する。

第一規則〔R_1〕：原因と結果は、時間、空間において近接していなければならない〔must〕。

第二規則〔R_2〕：原因は結果に先行していなければならない。

第三規則〔R_3〕：原因と結果の間には、恒常的な合一がなければならない。その（因果）関係を構成するものは、おもにこの性質（恒常的な合一）である。

第四規則［R_4］：同一の原因はつねに同一の結果を生み、同一の結果は、同一の原因以外からは決して生じない。

第五規則［R_5］：異なる対象が同一の結果を生む場合、それは、異なる対象の間に共通する同一の性質によってでなければならない。

第六規則［R_6］：類似する二つの対象が異なる結果を生む場合、その差異は、当の二つの対象における異なる特性から生じなければならない。

第七規則［R_7］：原因の増減によって対象が増減する場合、対象は、異なる部分的原因から生じる部分的結果の合一による、複合的結果であるとみなされるべきである［is to be regarded］。

第八規則［R_8］：対象がある瞬間、その結果を伴わず、完全に存在しないのであれば、その対象は結果の唯一の原因でなく、何らかの別の原理の補助が必要とされる［requires to be assisted］。［Cf. T.1.3.15.3–10. 括弧による補足、傍点強調はすべて筆者による］

ここで、この八規則に現れる原因概念は、明らかにD_pとD_nによって示された要件とは異なる内容を有している。そこで以降、第一規則から第八規則を、それぞれR_1、R_2、…、R_8とよび、また因果判断の規則によって示される原因を、C_2とよんでC_1と区別する。また、『知性研究』においては、『本性論』のように判断規則が具体的に提示されることはないが、それでも、規則、もしくは格率［maxim］という言葉が用いられ、定義箇所において示される原理とは異なる推論を導く概念が考えられている。[4] したがって、『本性論』から『知性研究』を通じて、規則において示される原因についてのヒュームの立場は、おおむね同じであると思われる。では、ヒューム哲学のなかでC_1、C_2という異なる概念が共存している事態は、いったい何を意味しているのだろうか。次章以降、C_1およびC_2の共通点、相違点を考察することを手がかりとして、両概念の意義や関係を明らかにしていきたい。

第四節　原因の二概念の内容における共通点

まず初めに、C_1、C_2がR_1、R_2、R_3の内容を共有することをとりあげる。ヒュームは、われわれが因果関係において必要となる必然的結合の観念の由来を求めて［Cf. T.1.3.2.12f］、それをわれわれの心のうちに生じる「心の内的印象ないし規定」［T.1.3.14.20; Cf. T.1.3.14.1; E.7.28f］に求める。そして、これらをわれわれに引き起こす関係として、ヒュームは時空的近接、先行、そしてとりわけ恒常的随伴を挙げる［Cf. T.1.3.14.35］ことで、因果関係の一端をなすC_1を定義することになる。さて、この三関係が、R_1、R_2、R_3が指示する関係と同義であるのは明らかであるが、この共有という事情にとどまるかぎり、ヒュームは「素朴規則性説［naïve regularity theory］」[5]の一種を採っている。すなわちこのことは、「因果性は、時間的先行、近接、および恒常的随伴の問題である」［Cf. Beebee 2006: 1］、いいかえれば、「時間的先行、近接、および恒常的随伴以外の関係は、因果関係に含まれない」とヒュームが主張していることを意味する。この素朴規則性説は、古くはリードやケイムズ卿がヒュームを批判する際に、ヒュームが採用していると考える立場である。このタイプの規則性説においては、われわれが実際に対象間の恒常的な結びつきを知覚するかぎり、われわれはつねに原因を知覚していることになる。そこでヒュームは、「恒常的に結びつく昼と夜」［Cf. Reid 2002: 87, 503］、「太鼓と兵士の動き、時計の針と城門の開門」［Cf. Home 1993: 299］の例において、規則的に結びついた二対象が、実際には因果関係にあるとは考えられない事例を含むという古典的批判を受けることになる。時計の針が開門の時間を指したのちに門が開いたといったことは普通にみられる場面だが、だからといって、「時計の針が特定の時間を指す」ことが、「門が開く」ことの原因と考えるのは不合理であって、実際には門を動かす門番などがその原因である。このタイプの批判はそのように指摘する。また、この批判の切り口に関連して、C_1が本当の原因として不適切であるということから、ヒュームは因果論に関して懐疑的ないし非合理主義的であるとも考えられてきた。例えばラッセル［Cf. Russell 1961: 640–1］やエア［Cf. Ayer 1969: 185–6］は、ヒュームの因果論が、「Aの後にBが生じるとわれわれが予想する」という心的現象の説明を行っている一方で、「Aの後にBが続かなければならない」とわれわれが正当化する権利を示していないと考える。それゆえ、ヒュームの立場では、われわれは因果についての考えをもつことはできても、その正しい認識に到達することはできない、というのである。

［4］例えば、「自然の全過程について判断する一般規則」［Cf. E.7.27］、「正しい推論の規則」［E.10.1］といった言葉にその意味を看取できる。また、「格率」は、「それによって、われわれが推論において、自身を導くもの」［E.10.16］と考えられているが、これは続けて、R4に類似する自然の斉一性の原理と結びついている。

［5］この単語を筆者はビービー［Cf. Beebee 2006: 1］、アームストロング［Cf. Armstrong 1983: 14］らにおっている。この概念は、ほぼ同義の表現として、「実在的規則性説［realist regularity theory］」などとよばれる［Cf. Strawson 1992: 20–31］。

第五節　原因の二概念の内容における差異

前節では、ヒューム因果論におけるC_1、C_2の共通点を確認し、その共通点だけをとるならば、ヒュームは因果論に関して素朴な規則性説を帰され、古典的な批判の対象となることをみた。しかしもちろん、C_1、C_2の関係は、その共通点にとどまるわけではない。そこで次に、両概念の内容の差異について考えたい。ここで、内容の差異として、「C_2は、C_1がもたないような、R_4からR_8の内容をもつ」こと、および「C_2は、C_1が含意するD_nをもたない」ことに着目する。まず、ヒュームが判断規則について評価する箇所をみてみよう。

> ここに、私の推論において、使用するに適当であると考えるすべての論理 [logic] がある。そして恐らくは、これ〔論理〕も大して必要ではなく、われわれの知性の本性的 [natural] 原理によって埋め合わせられたであろう。〔中略〕この種の規則はみな、案出するのは非常に容易であるが、それら〔諸規則〕を適用するのはきわめて困難であり、もっとも自然、単純にみえる実験的哲学でも、人間の判断力 [judgment] の極度の緊張を要求する。[T.1.3.15.11. 傍点強調はヒューム、括弧による補足は筆者による]

ここで着目したいのは、①「われわれの知性の本性的原理によって埋め合わせられたであろう」という箇所と、②「それらを適用するのはきわめて困難であり、もっとも自然、単純にみえる実験的哲学でも、人間の判断力の極度の緊張を要求する」という箇所である。以降、各々の論点について考察していきたい。

①「われわれの知性の本性的原理によって埋め合わせ」が可能であるとは、判断規則が想定されなくとも、ある程度まで、人間本性をもつわれわれにとって因果推論が可能であることを意味する。また、「本性的」といわれる以上、この原理は、定義箇所以前に提示される、おもに恒常的随伴を基礎とする因果推論の原理である。なぜなら、この原理は、定義箇所における原因C_1が含まれるため、あくまで「自然的」関係を含意し、同時にわれわれにもともと備わる人間本性に基づく認識機構の一つであるからである［Cf. E.5.8］。一方、このことから逆に、ここで提示された規則は、「本性的」とは逆の性質、すなわち「人為的［artificial］」性格を帯びることが示唆される。[6] この種の人為性は、例えば、本性的原理のみで推論ができない場合に、「（過去の記憶の）反省によって習慣や観念の移行を補助する」ことが人為的なものと結びつけられたり［Cf. T.1.3.8.14］、本性的原因と対立する教育が「人為的な」反復とみなされる点［Cf. T.1.3.9.19］にあらわれている。

②「諸規則を適用するのは極度に困難」であることは、上記の判断規則／本性的原理という二項対立を裏づける根拠となる。なぜなら、本性的原理による因果推論は、そもそも困難とはほど遠いものだからである。そのことは、ヒュームが用いる「自然」という概念の特徴から示唆される。ヒューム哲学において、'nature'、'natural'という単語はかなり多義的である。[7] しかし、特に因果論に関するかぎり、

［6］本章第六節、および次の脚注を参照。規則の成立は、記憶や反省を必要とする意味で、人為的である。

これらの単語は、第一に「理性、反省とは独立に（遂行）可能である」ないし「理性に先行する」という意味をもつ。[8] 一方、ヒュームが規則適用の「困難」ということで想定しているのは、「余計なものは何であれ分離する」〔T.1.3.15.11〕こと、および「個々の事情が現象に本質的であるかどうかを考察する」〔Ibid.〕ことに伴う困難である。ところで、この二つの心的作用は、「有効な原因から付随的な事情を区別する」〔T.1.3.13.11〕ことを指し、またC_1に含まれないR_4の関係の把握のもとに行われるため、関係の把握を行う狭義の理性の働きによって遂行されるものである[9]〔Cf. T.2.3.3.2f. T.3.1.1.4f. T.3.1.1.19n〕。加えて、ヒューム哲学において、「困難さ」、「緊張」は、しばしば「一般人〔the vulgar〕」と「哲学者〔philosopher〕」ないし「賢者〔the wise〕」の対比において現れる。一般人は、おもに本性的原理と想像のみに導かれ、軽率に規則を定立する一方、哲学者は、さまざまな関係を理性的に把握しつつ、より本質に近い規則を合理的に追究する者として描かれる[10]〔Cf. T.1.3.13.7-12〕。そのような対比が関わる箇所においては、哲学者は、先述の「有効な原因の区別」を行うものとして考えられている。

以上を踏まえると、C_1とC_2が関係する因果関係の違いについて、一方では理性を含まない本性的原理が想定され、他方では判断規則内に理性が前提とされるという、認識原理による差異が示されていると考えることができる。

以上の考察は、「C_2は、C_1がもたないような、R_4からR_8の内容をもつ」こと、および「C_2は、C_1が含意するD_nをもたない」ことの意味を考察するための鍵となる。人間本性に基づく因果推論は、因果関係がD_pで示される三つの哲学的関係を含意し、かつ因果関係が自然的推移を示すこと〔D_n〕の二点を必要条件とした。このことは、この種の因果推論では、D_pが示す三関係が、実際に現前する対象を通じて知覚されている必要があること、およびその事前的知覚によって、自然的関係が導く観念連合としての因果推論が成立することを含意する。なぜなら、C_1は自然的関係の項である以上、実際の観念連合の系列にC_1が組み込まれていること、すなわちC_1がわれわれに実際に現前している必要があることを意味するからである。一方、C_2を規定する諸規則には、D_nによる規定は含まれておらず、それゆえR_1からR_8によって示される因果関係は、もっぱら哲学的関係を指すといえる。すなわち、規則においては、実際にその諸関係をなすような対象の現前的知覚と、それに基づく観念連合としての推論は必ずしも必要ではない。そして、このことは逆に、因果規則が、想像によって形成される観念と、理性や反省を媒介した、人為的な関係把握を必要としていることを示している。

---

［7］ヒューム自身、'nature'、'natural'を、奇跡［miracle］、希少な［rare］もの、人為性［artifice］、市民的な［civil］もの、道徳的な［moral］ものに対立するものとして考える［Cf. T.3.1.2.7f, 9n］。ただし、本章で扱う規則の人為性と、道徳論における人為性は、同義ではないことに注意されたい。

［8］「想像がそれ自体この反省の立場を供する」［T.1.3.6.15］、「習慣は、われわれが反省の時間をもつ前に作用する」［T.1.3.8.13］、「反省に先行し、それによっては妨げられない自然的移行［natural transition］」［T. 1.3.13.8］といった表現にみられる。この意味はさらに、議論における論点に応じて、「想像［imagination］を原理とする」［Cf. T.1.3.6.12, T. 1.3.13.9f］、「直接的な［immediate］」［Cf. E.5.20］、「即座の、遅延［delay］のない」［Cf. E. 5.20］、「不可分な［inseparable］」［T.1.3.8.13］、「無学な者、子供、動物にも可能な」［Cf. T.1.3.16.1f. E.4.23］という意味に区分されうる。

［9］もちろんこの契機には、観念を心に形成するという想像の働きが必要であり、この働きが理性と協働することで初めて、比較、関係の把握が可能となる。とはいえ、この想像の働き自体が、ここでの「困難」にあてはまるというわけではない。

［10］「一般人」と「哲学者」の対比についての詳細は、本書第六章、第七章を参照。また、『エッセイ』においても、「未開人［the savage］」、「市民［the citizen］」、規則を定める「哲学者」、「賢者」の対比が現れる［Cf. Es.148–9］。

第六節　原因の二概念の様相における差異

C_1、C_2が含意している要素の第二の差異は、それらの内部に現れる様相に関する差異である。例えばR_2の内容について考えてみよう。C_1のD_pにおいては、定義の一つとして、「原因は結果に先行する」といわれる。一方でC_2が含意するR_2では、「原因は結果に先行しなければならない」といわれる。この事情は、R_4、R_8を除き[11]、C_1、C_2における内容の共有部分でも同じであるし、C_2にのみ含まれる関係も、すべて「〜でなければならない」を含んでいる。こうした差異は些細なことのようにも思われるが、筆者は、実際にはこの差異が、ある仕方でC_1とC_2を区分する理由となっていると考える。

さて、この様相の差異を生んだ理由の一つとして考えられるのは、C_1が正当化されていない原因、C_2が正当化された原因である、ということである。もう少し詳しくみてみよう。ヒュームは、因果関係についての推論や判断を表す際、‘reason’・‘reasoning’、‘infer’・‘inference’、‘judge’・‘judgment’といった単語を、比較的区別なく用いる。このことは、ヒューム以前の哲学における、想念［conception］／判断／推論［reasoning］の三区分に対してヒュームが批判を加え、それらすべてを観念連合の原理による説明に還元しようとすることの結果である［Cf. T.1.3.7.5n］。しかし、このうち「判断」という言葉は、時にわれわれの習慣による本性的推論と対置され、規則によって規整された推論を意味することがある。例えば、判断は「想像との対立」［T.1.3.13.11］関係にあり、その対立は、因果性についての「一般規則を想定する」［T.1.3.13.11］ことから生じるといわれる。また、この一般規則は、「それによってわれわれが原因と結果に関する判断を規制すべき［ought to regulate］」［T.1.3.13.11. 傍点強調は筆者による］規則である。

そして前節でみたように、本性的原理のみから生じる因果推論とは異なり、因果判断は、われわれがそのような規則を反省によって介在させつつ、因果関係を吟味する契機を含んでいる。さらに、一般規則がヒュームによって実際に導入される節の名が、「原因、結果を判断するための規則」［T.1.3.15. 傍点強調は筆者による］であったことに注意したい。以上の用語法から、ヒュームは、特に「判断」を他の用語群から区別して使用する場合、単なる本性的推論とは異なり、規則が適用された推論、またその規則に合致していることから、それにしたがうことを求められるような推論を念頭においているように思われる。[12]

　次に、別の立場からみてみよう。ヒュームによれば、上記の因果判断とは異なり、理性や反省が全く介在しない因果推論が可能である。われわれは、ある対象に現前すると、その対象に関連する別の対象や、関連する関係を理性的に反省することなく、直接的に結果を推論することができる。このような因果推論のメカニズムは、特に恒常的随伴と自然における規則性が合致しているかぎり、日常的経験において有効に機能するだろう。とはいえヒュームは、当然ながら、このようなメカニズムがわれわれの誤謬の原因となることを同時に認め［Cf. T.1.3.12.4; T.1.3.13.7-9; T.1.3.15.1-2］、その修正の必要性を指摘する。さて、この「修正」には、あくまでわれわれの反省、すなわち関連する過去の対象の想起や、そこで成

［11］確かにR_4、R_8には、「しなければならない」という様相が欠けている。しかし、R_4には「つねに」「決して」といった強い限定があり、R_8には、「必要とされる」という様相が伴っている。したがって、R_4、R_8は、ともに様相を伴わない事実の提示であるというわけではない。

［12］ハーンもまた、想像による自然的な因果推論に対置される「判断」を、正当化の過程を経て、それが行われるのが「賢明な［wise］」ものであるとヒュームが考えていると強調する［Cf. Hearn 1971: 410-1］。判断についての特殊な用法は、他にも『エッセイ』においてみられる［Cf. Es.7］。

立している関係の理性的把握が必要である。なぜなら、C_1が関わる単なる本性的な因果推論の段階では、そのような修正の契機の余地はないため、修正が可能であるためには、あくまで理性が機能する判断の段階が必要となるからである。それゆえ、ひるがえってC_1、C_2を考えるとき、修正可能性の観点、および理性の必要の有無の観点から、C_1は正当化がなされない原因、そしてC_2は、正当化がなされた、もしくはなされうる原因であると考えることができる。

では、C_2が関わるような正当化は、どのようにして行われるのだろうか。この正当化には、二つの異なる経験概念が関わっている。第一に、ヒュームにとって因果推論一般は、「経験によって」与えられるものとみなされる [Cf. T.1.3.6.2f; E.4.6f]。この意味での経験は、われわれの本性的な因果推論を作動させる役割を担う。すなわち、D_pにおける三つの関係を成立させる対象の直接的な知覚と、それにもとづく推論を意味する。一方、明らかにこれとは異なる意味をもつような経験もある。例えば、判断の規則が「われわれの知性の本性と、判断における知性の作用の経験」[T.1.3.13.11] に基づいて形成され、それによって「付随的な事情を有効な原因から区別する」[T.1.3.13.11] とヒュームがいうとき、この「経験」は、明らかに第一の経験以上のものを含んでいる。ここでは、「付随的な事情を有効な原因から区別する」ことが行われているが、前節でみたように、これには過去の記憶を想起し、そこで成立していた関係を反省することが必要であって、またこうした作用は、本性的推論とは本質的に関わりをもたないからである。さて、この二つの経験のうち、おもに後者を通じてヒュームの正当化は行われる。すなわち、過去の記憶を想起し、現前する対象との関係を反省によって見定め、それによって結果を推論することで、われわれは、機械的に作動する推論から脱し、本性的原理のみにしたがっていては陥ることになる誤謬を避ける機会をえることになる。すなわち、本性的推論に由来する誤謬の経験的回避こそが、ヒュームの「正当化」の内実である。[13]

さて、ヒュームが挙げる諸々の規則や格率は、この種の正当化の過程から生じ、それ自体が正当化の手段として用いられるもののように思われる。例えばR_1、R_2、R_3は、われわれの自然的な因果推論についての反省、およびその有効性の認識によって規則とみなされる。[14] また、R_4は、それ自体論証や直観によって示されるものではないが、[15] それでも、過去の因果推論の結果についての想起や、現在の推論との比較によって、因果関係は過去から未来において類似し、一対一の対応関係があるように思われるようになる［Cf. E.4.20］。加えて、R_7は、自然現象や心理的現象の原因、結果の部分性が、経験的に十全に発見されてきたことによって、「格率」として樹立される［Cf. T.1.3.12.16］。したがって、特に因果判断の規則について目を向けるとき、R_1からR_8は、われわれの理性的反省を通じて、経験に基づきつつ徐々に形成されるもので、それによって示される原因C_2もまた、正当化がなされたものとして考えるこ

［13］続く箇所の引用を参照。正当化の個々の具体的内実をここで示すことはできないが、およそヒュームが「正当化」を語る際、そこではすべて誤謬の経験的回避が含意されると思われる。同じような考えは、「一般規則」や「偶然」という言葉とともに、『エッセイ』でも論じられる［Cf. Es.111-3］。なお、パスモアも、消極的にではあるが、ヒュームが用いる「規則」や「論理」という言葉に着目しながら、ヒュームの因果論のなかに規範性をみいだそうとしている（Cf. Passmore, 1952: 18-9）。

［14］この正当化は、あくまで理性的反省が可能である立場からのものであり、次節の正当化とは別種のものであることに注意されたい。

［15］このR_4は、大槻によって「自然の斉一性の原理」と同一視されている［大槻 一九四八：三三七参照］。この主張には詳細な議論を要すると思われるが、仮にこれを認めるとすると、確かにR_4は、直観や論証によって証明されるようなものではない［Cf. T.1.3.6.4f. T.1.3.12.8f］。

とができる。

ただ、最後に注意しておかなければならないが、ヒューム哲学においては、経験による正当化は、事実の認識にとって唯一でありながら、同時に可謬的なものとして考えられる［Cf. E.10.3］。そのため、ヒュームは、次の言葉にみられるように、この方法についてかなり慎重な態度をとる。

明晰で自明な原理から始め、控えめながら確かな足取りで進み、頻繁にわれわれの結論を再検討し、正確にその帰結すべてを吟味することは、この手段によっては、われわれは自身の体系において、遅々としてわずかな進展しかなさないが、それでもそれは、われわれが真理に到達し、われわれの決定において適切な安定性、確実性に達すると望むことができる唯一の方法である。［E.12.4. 傍点強調は筆者による］

それゆえ、「正当化できる」といっても、それは絶対的な正しさを保証するものとは考えられない。それは、ヒューム自身、判断規則に例外があると考えていることからもみてとれる。例えばR_7を扱う際、ヒュームは、原因の部分の増加が結果の部分の増加に必ずしも直結せず、その適用には慎重を要することを指摘している［Cf. T.1.3.15.9］。R_2についても、ヒュームは反例がありうることを認め、それが普遍的でなくとも、一般に成立すればよいと考えている［Cf.T.1.3.2.7f］。それゆえ、正当化といっても、厳密な正当化ということはできないが、それでもヒューム哲学においては、特に事実の推論において、この種の正当化が真なるものとして扱われる。

第七節　C_1の正当化の可能性――'nature' への信頼

以上より、C_1とC_2を隔てる事情として、後者には正当化をなす様相が含まれること、およびその様相は、因果判断において、ヒュームによるわれわれの認識の正当化を意図していることが示された。しかし、この区分はやや強すぎるのかもしれない。ヒュームによれば、人間や多くの動物は、因果推論のための同じ本性的原理を共有している。そしてヒュームは、賢者・哲学者と一般人、人間と動物を隔てる要因として、反省を行い、一般規則を遵守する程度の差を挙げる［Cf.T.1.3.13.12; E.9.5n］。しかし同時に、ヒュームは、日常生活において、われわれが絶えず規則にしたがって因果推論を行うとはいえないと主張する［Cf. E.9.5］。したがって、日常的にはわれわれは、C_1を項とする推論、すなわち第六節を踏まえれば、決して正当化されていない推論を用いていることになる。しかし一方で、本章第五節で述べたように、ヒュームは、判断規則（論理）は「われわれの知性の本性的原理によって埋め合わせられたであろう」［T.1.3.15.11］という。この場合、ヒュームはむしろ、C_1もある意味で信頼できるものとして考えているようにもみえる。われわれは前節で、判断規則、および反省による修正可能性の有無の観点から、C_1を正当化されない原因、C_2を正当化されうる原因と区別してきたが、それでは、C_1はどのような仕方で正当化されるだろうか。

この疑問に対して、ヒュームの立場から想定されうる返答は二つある。第一に、第四節で指摘したように、C_1とC_2はR_1からR_3の内容を共有し、加えてC_2は同規則によって正当化されうることから、C_1が形成される際、C_2と同じ仕方で正当化されうるということである。第二に、C_1はC_2とは別の仕方で、すなわち、理性的反省による関係の把握以外の仕方で正当化されるということである。以下、この二つのポイントについて考える。

第一の正当化は、確かに正当化として機能するようにみえるが、実際には二つの点で不適切である。まず第一に、判断規則（R_1-R_3）によってC_1を正当化するのは、論理的に不合理である。判断規則は、われわれにア・プリオリに、もしくはC_1を用いる推論とは全く独立に与えられるわけではなく、あくまでC_1を用いた推論と、その推論の有効性を反省することによって形成される。したがってこの場合、C_1は、規則の根拠であると同時に規則の適用対象となることになり、論理的循環から正当化は無効になってしまう。また第二に、そもそもこの正当化はC_1を変質させてしまっている。C_1は、われわれの非理性的な原理としての想像によって与えられるが、すでに述べたようにそのメカニズムは、結果への推論が瞬間的、不可避的なものであり、そこに反省が介在する余地がないものであった[16]。したがって、仮に判断によってC_1が正当化されると考える場合、実際にそこで正当化の対象となっているのは、理性、反省が介入しうるC_2となってしまう。すなわち、われわれが本性的な因果推論を行う日常場面において、この正当化は用いられない。それゆえ、判断規則によってC_1が正当化されるという考えは、退けなければならない。

第二の正当化はどうだろうか。「別の仕方による正当化」の根拠としては、例えば「外在的自然に対する信頼」のようなものが考えられる。このような自然は、われわれの経験可能性や、因果推論のメカニズムといったもの自体を根拠づける、より始原的な自然である。つまり、判断規則によって把握される以前に、それをわれわれの認識とは別に外在的に認めなければ、そもそもわれわれの生存や経験が不可能であるような自然であり、われわれはそれに適応する仕方で、本能的な因果推論のメカニズムをもつようになったと考えられる。例えば、ヒュームは『本性論』第一巻第三部の最後で、以下のようにいう。

> 自然［nature］は確かに、習慣から生じる一切のものを生み出しうる。いや、むしろ習慣は自然の諸原理の一つにすぎず、その効力を、その起源（である自然）からえるのである。［T.1.3.16.9. 括弧による補足、傍点強調は筆者による］

ここでは、恒常的随伴の把握から生じる因果推論の原理である習慣が、さらに「自然」という概念によって根拠づけられている。冒頭の'nature'が、外在的な自然を指すか、もしくは内的な本性を示すかの解釈の違いは考えられようが、仮に後者であると考えるにしても、その本性は、動物の本能と同列に扱われており、少なくともヒューム哲学の主たる考察対象である「人間」本性とは考えられていない。さらにこの効力、そしてそれを与える自然について、ヒュームは積極的な評価を与えている。

それによって似た原因から似た結果を推論する心の作用が、われわれの理性の誤りやすい演繹に委ねられるということはありそうもない。理性はその作用において緩慢で、幼児期の初期の数年

［16］本章脚注8を参照。

には、いかなる程度でも現れないし、そして人生のあらゆる歳、期間において、せいぜいよくても、きわめて誤謬や過ちを犯しやすい（ものにすぎない）。（そこで、）かように必要な心の作用を、その作用について不可謬であり、人生や思考が始まるとともに現れ、苦労を伴う知性のあらゆる演繹からは独立しうるような、ある本能ないし機械的傾向性によって確保することが、自然の通常の知恵により適っている。（中略）自然はわれわれにある本能を植えつけた［has implanted］のであり、その本能は、自然が外的対象の間に打ち立てた過程に対応するように、思考を運んでいく。［E.5.22: Cf. E.9.5. 傍点強調、括弧による補足は筆者による］

このようにヒュームは、誤りやすい理性による規則の運用とは異なり、その前段階のわれわれの能力、そしてそれをわれわれに植えつける「自然」に対して信頼をおいている。この信頼により、C_1に対する正当化は、もちろん可謬的ではあるが、説明されうるように思われる。

ところで、このように自然に信頼をおくヒュームの態度は、確かに「自然主義」と名づけられよう。しかしここでは、例えばケンプ・スミスによって導入されるヒュームの「自然主義」よりもさらに強い意味が込められている。すなわちここでは、「感じや本能に対する理性の徹底的な従属」［Kemp Smith 1905: 150］をもとに、理性によっては正当化されない存在を認めざるをえない態度を示す自然主義から、理性によって正当化されていないものを積極的に認める態度が前面に出ているように思われる。[17] したがって、判断規則によるのではないが、ヒュームがC_1をある程度信頼に足るものと考えていた根拠として、われわれの知覚、認識とは独立に存する自然を根底に置いていたと考えることができるだろう。

第八節　おわりに

本章においては、ヒュームにおける原因概念の二側面を提示し、それぞれの発生原理、性質における共通点と相違点が示された。第一に、C_1は、もっぱらわれわれの本性的な原理によって生み出される一方、C_2は、観念を形成する機能としての想像に加えて、理性による反省、関係の把握を必要とする。第二に、C_2は因果判断の項であり、経験によって一般化が可能であることから、ヒュームにとって、C_2は合理的に正当化がなされた原因である。一方で、C_1自体は反省による正当化はなされないものの、外在的な自然を根拠として、C_1にはある種の信頼性がおかれると考えられる。しかし無論、C_1はわれわれの判断によって修正可能なものではないし、環境の複雑さに応じて、誤謬の危険性も高まることも事実であり、規則の必要性はそこから生じる。

このように、ヒュームが異なる性質の原因概念を考えていることは明らかだと思われる。ここからさらに、次のようなことがいえるのではないか。つまり、ヒュームは、「因果性を考えるようになる由来」と「因果性についての判断の根拠」を分けて考えつつ、そのどちらにも一定の価値を与えているという意味で、因果性について一種の非還元的な、もしくは多元主義的な態度をとっている。C_1やC_2は、同じ「原因」でありながら異なる意味内容をもつけれども、最終的にそのどちらかを正しいものとして受

［17］神野もまた、自然に対してある程度の信頼を寄せるという意味で、ヒュームの「楽観的な」自然主義を論じている［神野 一九九八：iii–v、二二三–四参照］。またこれに関連して、アームストロングも、ヒュームの言葉を例に挙げつつ、学問的探究以前にわれわれが接近可能であるような、外在的な自然法則がなければ、われわれは死ぬより他はないという［Cf. Armstrong 1983: 6］。

け入れ、他方を捨てなければならないと考える必要はないのである。ところでそれは、われわれがC_1を本性的に獲得しつつも、哲学的な反省の契機をへてC_2概念に至るという認識の道筋が存在するからであり、加えて、ヒュームの目的である「人間本性の探求」がC_1概念の提示で達成されながら、同時にそれに基づいた因果的認識の展開が、まさしくC_2の形成として示されるからである。具体的には、おもに恒常的随伴をもとにした因果関係をC_1という概念によって指示しつつ、恒常的随伴の知覚をしなくても因果関係の把握が可能だと理解されれば、R_4を含むようなC_2概念が形成されることになる。そしてもし、C_2がC_1に対立する性質であれば、ヒュームは確かにC_2を退けたであろう。その場合、C_2は人間本性から生じるものとはいえなくなるからである。

さて、この二つの原因概念の背後には、われわれの認識態度である「一般人」と「哲学者」がそれぞれ控えており、その二つの立場は同時に、一種の緊張関係を呈している。その緊張は、例えば原因概念を正当化する手法の違いや、「哲学者」たろうとしてもすぐに「一般人」の態度に戻ってしまうという反動にみてとれる。ところで、そもそも人間本性を追究するはずのヒュームが、人間本性の側に立つ一般人と対立する哲学者について論じることは、本来の目的から逸脱することになりかねないし、ことさら哲学者の立場を強調すれば、ヒューム哲学内部での不整合が起こりかねない。ただ、原因概念については、まだ問題は大きくない。というのも、すでに述べたように、C_1からC_2に至る道筋は補足的に説明可能であり、それゆえに哲学者の因果的な主張も、ある意味で人間本性の認識にもとづいて間接的に説明することができるからである。その意味でヒュームの因果規則は、まだ人間本性に則っており、「一般人」もしくは人間本性と「哲学者」の対立はそれほど問題とはならない。しかし、これから論じる「自由」と「偶然」の問題については、その対立がより深刻な仕方で現れ、ヒュームの哲学体系の整合性に影を落としているように思われる。

第六章　無差別の自由とヒューム哲学

第一節　はじめに

本章では、ヒュームがおもに『本性論』において、「無差別の自由」を論じる箇所を扱う。ヒュームは無差別の自由を「必然性の原理」から退けるが、この議論には、ヒュームの哲学的方法からみて問題が含まれる。この問題というのは、前章までに指摘してきたように、人間本性を、「一般人」の立場から、そして観念説を通じて考察しようとするヒュームが、そこから逸脱してしまうこと、そしてさらに悪いことには、その態度と反することを主張することである。ただ、そもそもヒュームの自由論について言及するヒューム解釈者は少なくない一方で、その場面で現れる特定の「感じ」や「感覚」に着目して、この問題をとりあげることはあまりなされてこなかった。[1] そこで本章では、無差別の自由を論じるヒュ

［1］例えばストラウドは、必然的結合の印象と関連させて、無差別の自由やそれに関わる「誤った感じ」を論じる。しかしストラウドは、ヒュームがこのことについて十分に論じていないことを指摘するにとどまる［Cf. Stroud 1981: 144–7］。

ームの議論を、ヒュームの認識論の基礎にあたる「印象」を手がかりとして精査することを第一の目標とする。それにより、テキストには明示的に現れないヒューム哲学の前提となるいくつかの考え方を見定めるとともに、ヒュームの自由論が抱える問題点を、人間本性の探求という目的に照らし合わせて提示したい。

本章では、以下のように議論を進める。まず第一に、ヒュームが論じる無差別の自由の基本的性格を確認するとともに、無差別の自由が、ヒューム哲学でいうところの「印象」として導入されうることを論じる（第二節）。次に、ヒュームが無差別の自由を否定する際の議論を追う。そして、ヒュームが無差別の自由を想定／否定する議論の手法、着眼点の差異を明示する（第三節）。続けて、仮に無差別の自由の印象がありうる場合、それがわれわれの認識にどのようにして関わるかを、他の単純印象の事例を踏まえて考察する（第四節）。さらに、それまでの予備的考察を用いて、ヒュームが無差別の自由を否定する議論の正当性を、二つの観点から検討する（第四節、第五節）。最後に、これまでの考察結果を踏まえ、無差別の自由の否定の際に働いている前提や方法論を剔出し、ヒュームがとるべきだったと思われる議論を提示したい（第七節）。

第二節　無差別の自由とその印象の可能性

「無差別の自由［liberty of indifference］」という概念は、『本性論』第二巻第三部において、ヒュームが人間の自由について論じる箇所で登場する。ヒュームは、自由が、「自発性［spontaneity］の自由」と「無差別の自由」とに分類されると考え、そして後者を矛盾した概念として退ける。その際、無差別の自由を支持するものとして、ヒュームはいわば「言葉の誤用による議論」〔Cf. T.2.3.2.1〕「誤った感覚による議論」〔Cf. T.2.3.2.2〕「道徳や宗教の基盤からの議論」〔Cf. T.2.3.2.3〕の三つの議論を提示する。そのうち、第二の「誤った感覚による議論」の箇所で、ヒュームは次のようにいう。

> 無差別の自由についてすら、誤った感覚〔sensation〕ないし経験というものがあり、これがその〔無差別の自由の〕実在の論証とみなされている。物質や心の活動の必然性は、正確には作用主〔agent〕ではなく、その活動を考察できる思考者ないし知的存在のうちの性質であり、先行する対象からその〔活動の〕存在を推論させる、彼〔思考者〕の思考の規定に存する。一方で、〔無差別の〕自由ないし偶然は、その規定の欠如、ある観念から別の観念に移行したりしなかったりする際にわれわれが感じるある種の放逸さにすぎない。さて、われわれがみいだすように、人間の行為を反省する際には、われわれはそのような放逸さや無差別さをほとんど感じ〔feel〕ないにもかかわらず、それでも非常に普通に〔very commonly〕起こるように、行為自体を〔われわれが〕遂行する際には、それ〔放逸さ・無差別さ〕に似た何かを感じる〔sensible of something like it〕。〔T.2.3.2.2. 傍点強調、括弧、亀甲括弧による補足は筆者による〕

無差別の自由は、われわれが行為する際に感じられる一種の放逸さ、無規定性から生じる。そしてこの自由は、「放逸さ、無差別さに似た何か」を感じることで、われわれに与えられる。われわれは実際、特に何もしていない状態から変わろうとして、それでも何か特定のことをする気になれず、思うように動けないようなことを感じるが、このような感じが、ここでいわれている放逸さの感じである。さて、この無差別の自由に関する感覚や感じは、ヒューム哲学のなかで表現するとすれば、「印象」として導入されると思われる。例えば、ヒュームが知覚を印象と観念に区分するとき、印象の側に感覚や情念を組み入れており〔Cf. T.1.1.1.1: E.2.1-2〕、さらに印象は、感覚の印象と反省の印象とに区分される〔Cf. T.1.1.1.2〕。またこの区分の際、印象と観念は「感じること」と「考えること」に対応させられているが、放逸さや無規定性が、感覚と同時に「感じ」という言葉で表現されることも、根拠の一つとなる。とはいえ、引用した箇所でヒュームがいっているのは、無差別さに「似た何か」の感じであり、それが無差別の自由についての印象そのものであるとはいえないと考えられるかもしれない。しかしながら、この「似た何か」が無差別の自由に関わらないとしても、ここで「無差別さに似た何か」というためには、その比較対象として、すでに無差別の自由の感じないし印象が導入されていなければならず、結果として無差別の自由の感じは存在していると考えられる。そこで以降、これまで述べた事情を踏まえ、この感じをさしあたり「無差別の自由の印象」と表現することにする。

第三節　無差別の自由の否定の論理——無差別の自由の想定との対比

無差別の自由の印象がヒューム哲学において想定可能であることが確認されたところで、基本的な問いとなるが、次のことを考えてみたい。すなわち、無差別の自由の印象が存在するのであれば、無差別の自由はヒューム哲学の枠組みでも擁護されるはずである。われわれにとって正当な観念であるとヒュームが認める条件は、その観念を構成している個々の単純印象にまで遡及できるものである［Cf. T.1.1.1.7f］。それゆえ、無差別の自由は、その印象が存在するかぎり、色や味といった知覚と同様に［Cf. T.1.1.1.8-9］、われわれに共通する認識として認められるはずである。しかし、前述のヒュームの議論をみれば明らかなように、ヒュームは無差別の自由を端的に否定している。つまり、無差別の自由の印象に類するものを議論に持ち込みながら、同時に無差別の自由を退けるということをヒュームは行っている。この矛盾した態度について、われわれはどのように考えたらよいだろうか。その吟味のために、今しばらく、ヒュームが無差別の自由を否定する議論をみていきたい。

ヒュームが無差別の自由を論じる際、その議論には二つの特徴がある。第一に、ヒュームはこの議論において、二つの異なる視点を使い分けている。[2] 例えば、われわれが実際に行為者となって放逸さを感じるとき、まさにわれわれ自身が行為する視点が想定され、その場面におけるわれわれの心の主観的状態が主題となっている。そしてその観点から、無差別の自由という考えが生じると想定される。一方、われわれが行為を後から反省するとき、行為者と行為を眺める第三者の視点が想定され、行為者の動機と行為の間の関係が問題となる。そしてヒュームは、その間に必然性を認めるために、必然性の欠如を意味する無差別の自由を否定することになる。例えば、前述の第二の論点、すなわち「誤った感覚によ

［2］筆者の他には、例えばフリューが、「視点の違い」という観点から無差別の自由をめぐるヒュームの議論をみている［Cf. Flew 1997: 151-2］。ただフリューの場合、「行為者」と「見る者」の区別は、「哲学」と「道徳、批評」の区別、ないし「知性［understanding］」と「趣味［taste］、感情」の区別を与えるものと考えており、筆者とはその点で異なる。

る議論」を批判するにあたり、ヒュームは次のように述べている。

われわれは、われわれ自身のうちに［within ourselves］自由を感じると想像できる。しかし（行為者の行為の）観察者［spectator］はふつう、われわれの動機や性格からわれわれの行為を推論できる。［T.2.3.2.2. 傍点強調、括弧による補足は筆者による］

すなわち、無差別の自由を肯定すること、ないしは否定することを通じて、主観的・第一人称的視点と、客観的・第三人称的視点が分けられていると考えられる。

第二の特徴は、無差別の自由を評価する際にみられる議論の手法の違いである。最終的に否定されるものの、ヒュームによって無差別の自由が想定されるとき、対応する一種の感じないし印象が心のうちに存在することが、その想定の根拠と考えられている。すなわち、われわれが特定の感じや感覚をもつということが、無差別の自由の想定のポイントとなっている。一方、無差別の自由が否定されるときは、ヒュームは心的作用が必然性をもって働くことを根拠とするが、この必然性は、それ自体われわれに感じられる印象としてではなく、原理や規則と考えられている。本書の第五章と内容がやや重複するが、このことを説明すると、次のようになる。ヒュームが恒常的随伴の知覚と因果推論に由来する必然性を定立する際、因果推論の際にわれわれは必然的結合の印象を感じる［Cf. T.1.3.14.20］が、目下の問題の場合、対象の恒常的随伴、そして必然性の知覚はないどころか、逆に「規定の欠如」である無差別の自由の印象が感じられる。しかしヒュームは、そのようなときでも、「われわれの不完全な知識にもとづいて」

［T.2.3.1.12］いるために、そのような自由が想定されると考え、「事物それ自体は、たとえ現れの上では等しく恒常的でないとしても、それでもすべての場合において等しく必然的である」［T.2.3.1.12. 傍点強調は筆者による］と主張する。この場合、現れとして存在する印象は無視され、代わりに、「すべての原因と結果の間の結合は等しく必然的であり、いくつかの事例の見かけ上の不確実性は、反対の原因の隠れた対立から生じる」［E.8.12: Cf. T.1.3.12.5; T.1.3.15.8］という「格率［maxim］」が根拠として用いられる。さて、この格率は、ヒューム哲学においては、しばしば「規則」と同一の意味で使用されているが、ここで重要なのは、規則や格率といった概念は、感じや感覚とは異なる仕方で認識されるということである。格率や規則によってわれわれが判断するとき、本性的な因果推論の場合とは異なり、理性を介する関係の把握が存在する。[3] もちろん、格率や規則を構成する観念は、対応する印象に由来することになるため、これらが全く印象と関係がないというわけではない。それでも、無差別の自由が否定される議論には、本性的な知覚過程には現れない理性的な原理が関係していることは明らかなのである。

以上、ヒュームが無差別の自由を否定する際の議論を、それが仮定される主張と並行させてみてきた。しかし依然として、無差別の自由をめぐるヒュームの態度の矛盾を検討するには考察材料が不十分である。この検討のためには、一般にヒューム哲学が依拠している、印象による正当化の内実を確認することが必要となる。

［3］このことに関しては、本書第五章を参照。

第四節　単純印象の正当化と無差別の自由

繰り返しになるが、ある観念がヒューム哲学の枠組みで正当化されるための要件は、「それを構成する部分ないし単純観念を枚挙」［E.7.4］し、その単純観念のそれぞれに対応する印象を提示することにある［Cf. T.1.1.7］。これまでみてきたように、認識の根拠を印象に求める態度は、ヒューム哲学において一般的であるが、その理由は、単純印象が対応する単純観念に先行することに加え、「印象が強烈で不明瞭さの余地がない」［Cf. E.7.4］からである。それゆえ、鮮明な印象の内容をもとに観念や認識を確認することで、誤りを避けることができるとヒュームは考えている。ところで、この印象自体がヒューム哲学に導入される場面においては、ある共通する特徴が現れる。例えばヒュームは、単純印象の一種である情念を論じるにあたり、次のようにいう。

誇りや卑下の情念は単純単一な印象であるため、われわれはどれほど言葉を尽くしても、それらの正当な定義を与えることは不可能である。いや、実際にはいかなる情念についてもそうである。われわれが最大限できると称しうるのは、それら情念に伴う事情［circumstance］の枚挙によって、それらを記述［description］することのみである。しかし誇りや卑下といった言葉は、一般に使用されている［of general use］し、またそれが表す印象はきわめて普通の［the most common］ものであるために、いかなる人も、全く間違える危険もなしに、それらについての正当な観念を自分で形成することができるだろう。［T.2.1.2.1］

単純印象は、ヒュームによれば、正当な定義を与えるのではなく、それに伴う諸々の事情を挙げて記述することで、われわれの認識として認められる。同じような言及は、愛や憎しみといった情念［Cf. T.2.1.1］、信念に伴う一種の感情、感じ［Cf. E.5.11］、そして外的感覚一般［Cf. T.1.1.18］にあてはまる。そしてここでいわれている描写は、例えば外的感覚について、子供に対象を直示することで、緋色や甘いといった単純印象を知覚するという場面の描写であるが、この場面では、例えば子供の感覚器官が正常であり、対象の現前を直接知覚できるような事情にある等々のことが前提となっている。また、ヒュームが直接いっているわけではないが、この場面で、例えば「緋色」や「甘い」といった言葉が子供に提示されると、単純印象に対応する単純観念にその言葉が結びつくことで、言葉‐観念を介してわれわれに共通の認識が成立する。[4] 同様に類比的に考えれば、単純な情念に関しては、諸々の事情から当の情念をもっていると想定される人に対応する言葉を提示することで、情念に対応する観念と言葉が結びつき、「これが誇りという情念だ」「これが卑下だ」という認識が可能となる。

以上、単純印象に関しては、ヒュームは他の複合的な知覚とは異なる導入を行っていることをみた。さて、これを目下の問題である無差別の自由について適用すると、次のようになるだろう。[5] 無差別の自

［4］続く段落でヒュームは、盲人や聾者が、視覚印象や聴覚印象をえられないために、それに対応する観念をもえられないということが、単純印象と単純観念の関係［Cf. T.1.1.7］から論じられる。しかしこの箇所では同時に、盲人や聾者の感官の働きが妨げられ、そのせいで彼らが印象をえられないことが前提となっている［Cf. T.1.1.9］。

［5］本章では、無差別の自由の印象を、それが一種の「感覚」や「感じ」と同様に扱われていること、そしてそれがさらなる要素へ分解することが難しいことから、さまざまな外的感覚や情念と同様に単純印象と想定して議論を進める。

由の印象は、心の放逸さ、無規定が感じられる際にわれわれをとりまく諸事情が記述されることで、ヒューム哲学に取り入れられる。そして、この事情を記述することについては、ヒューム自身が該当箇所付近で行っているように、特に困難があるとは思われない。すなわち、「行為自体をわれわれが遂行する」とき、次に何をしようという意志に関して心が「規定の欠如」の状態にあることといった記述が可能であろう。ある瞬間に何か行動を起こそうとするが、具体的には何も決まっていないといった状況は、われわれに日常的になじみのあるものである。そこで、そのような事情にあり、心の無規定さを感じている人に「自由」という言葉が与えられれば、その感じは、われわれに共有可能な自由の認識の根源として、ヒューム哲学に導入可能なはずである。そしてそれが観念化され、「自由」という言葉と結びつくことで、われわれに共通する自由の認識が成立することになる。[6]

そこで、無差別の自由を否定することが正当であるためには、ヒュームは、無差別の自由の印象自体ではなく、それをとりまく「事情」に着目し、そこから何らかの不合理を指摘する必要があるだろう。現に感じられている印象を、存在しない、「誤った」ものだとして退けると、「強烈で不明瞭さの余地のない」、「非常に普通に感じられる」と考えられる印象を退けることになるが、それはヒュームの哲学的方法とは相容れないからである。しかし、印象が生じる際の事情に着目して、印象自体を否定的に評価するといった事態は、いったいどのようにして可能だろうか。今しばらく考えていきたい。

ヒュームが外的な感覚や情念が発生する事情を考えることができるのは、無差別の自由の印象に比べて、理解しやすいように思われる。すでに述べたように、感覚の場合は対象の直示、情念の場合は当の感情を抱いている状態と、対応する言葉が結びつけられる。そしてその背景には、例えば正常な感覚器官の働きといったような、それらの知覚を成立させるための前提が存在する。そしてその前提は、単純印象を出発点とするヒューム哲学のさらに背後にあって、印象の獲得の論理を支えている。さて、感覚や情念と事情の関係については、われわれの言語習得の場面と照らし合わせて考えても、大きな不都合があるようにはみえない[7]。

一方、「自由」という言葉については、事情はかなり異なる。その理由は、「自由」という対象が、色や香りのように直接提示されたり、誇りのように現象として現れるということがないことに加えて、われわれにとって、「自由」という言葉がしばしば一義的ではないことにある。実際、無差別の自由を退ける第一の理由においてヒュームが指摘するように、われわれは複数の異なった事情を「自由」という言葉に込めており、ヒュームはその点を批判の切り口とする。しかし、だからといって、自由を記述する事情の複数性を「単なる言葉上の」〔Cf. E.8.24-5〕問題だと考え、ヒュームが指示する単一の意味に修正すべきだということは、ただちに導かれない。これからみていくように、ヒュームが以上の批判を必

〔6〕ただ、ここでも必然的結合の印象、観念の関係に関する問題が現れるように思われる。すなわち、ここで無差別の自由の印象が、われわれの心の無規定の一種の感じなのに対し、無差別の自由の観念は、その自由の形式的関係を指示することで、ヒュームのコピー原理に違反する。自由に関するこの問題については、本書では取り扱うことができないが、必然的結合の場合については、本書第四章参照。

〔7〕もちろん、言葉を使用する場面において、必ずしも対応する対象が現前していなくてもよい場合、もしくは互いに異なる対象を心にもっている場合もありうる〔Cf. Flew 1997: 31f〕。しかし、ここで考えられているのは日常的な直示の場面であり、抽象を通じて対象の特定の側面を眺めるという心の作用をヒュームが考えている以上、少なくとも直示がヒュームの体系において説明不可能だということにはならないと思われる。

然性の原理にもとづいて自由の意味を限定していく議論には、ヒューム哲学の方法と相容れない難点がある。そしてその難点は、ヒューム自身が、暗黙のうちに言葉以上の問題に入り込んでいることを示している。以降の節では、この難点と、ヒュームの議論の前提になっているものについて考察していきたい。

第五節　第一の問題——規則の運用と人間本性

第一の問題は、ヒュームの規則の運用の仕方に関する問題である。ヒュームは、判断規則である必然性の原理[8]を通じて、無差別の自由の存在を否定する。その際、ヒュームはこの規則をわれわれが用いる仕方に関して、次のようにいう。

> 動機と随意的行為の間の随伴は、自然のいかなる部分における原因と結果の間の随伴と同じように規則的、斉一的であるだけでなく、この規則的随伴は人類の間で普遍的に認められてきており、哲学や日常生活［common life］のなかでも決して論争の主題とならなかったように思われる。［E.8.16. 傍点強調は筆者による］

さて、ここでヒュームが以上のようにいうのは、外的な自然の間だけでなく、その自然とわれわれの意志や行為の間に、恒常的随伴がみいだされ、それを根拠にわれわれが因果的結合を発見する事例を根拠としている。人間本性は、物体の運動と同様、いかなる国家、時代において同一であり続けるため、同一の動機はつねに同一の行為をもたらす〔Cf. E.8.7〕。そして実際にわれわれは、この規則性をもとに、他者の行為を予測したり、他者の内面の動機を推し量る〔Cf. E.8.9〕。この種の推論は、「人間の生活に」非常に深く入り込んでおり、誰しもこの推論を用いずにはいられない。それは哲学的な思索においても、日常的な思考においても同じである。したがって、「すべての人類は、必然性の教説につねに同意してきた」〔E.8.17〕というわけである。

ところで、仮にヒュームのいう通りであれば、人間本性を有するわれわれはみな、必然性の原理に賛同しているのであり、それに反する無差別の自由を退けるのはごく自然なことになるだろう。しかしこの主張は、ヒューム自身別の箇所で述べる人間観と矛盾する。ヒュームは、ときに人間一般を「一般人」と「哲学者」ないし「賢者」に分類することがある。[9] 人間は習慣と経験を通じて規則を案出し、それに固執する〔Cf. T.1.3.13.8〕。一般人と哲学者はともに人間であり、同じく規則を作り上げる。しかし一般人は、「ものごとを見かけどおりにとる」〔Cf. T.1.3.12.5, E.8.13〕ために、本質的ではない事情の結びつきから不十分な規則を性急に作り出す。一方で哲学者は、より一般的で本質的な事情の結びつきから規則を作

〔8〕引用にみられる「必然性の原理」は、原因と結果の間の普遍的な恒常的随伴を示しているが、これは次章の「必然性の教説」と同一である。

〔9〕一般人／哲学者の区別から、必ずしも一般人が必然性の原理にしたがわず、それにより無差別の自由についてヒュームは首尾一貫していないと考える論者は、他にボッテリル〔Cf. Botterill 2002: 284–5〕がいる。また、フリューは、能力の行使に着目して、一般人の思考と哲学者の思考の区分の可能性について、考察している〔Cf. Flew 1986: 133–4〕。

り出す〔Cf. T.1.3.13.12〕。さて、両者の差異にはこのような認識的性格の違いが帰せられるが、一方で哲学者の側には、一定の制約が加えられる。哲学者として、一般規則にしたがって判断するためには、判断力の極度の緊張、極度の忠実さ、聡明さが要求される〔Cf. T.1.3.15.11〕。さらにわれわれは、絶えずこの状態にとどまることができるとは考えられていない。「われわれの思考を緩めるや否や、人間本性が働いて、われわれを本能や自然的衝動によってえられる意見へと押し戻す」〔T.1.4.2.51. 傍点強調は筆者による〕。このことは、例えば、哲学者が一般人とともに、知覚を外的対象と同一視するという記述にみられる。

> 類似するわれわれの知覚の同一性についてのこの意見を支持する人は、一般に人類の、思考せず、非哲学的な部分のすべて（すなわち、あるときのわれわれ全員〔all of us, at one time or other〕）である。
> 〔T.1.4.2.36. 傍点強調は筆者による〕

> 確かなことは、人類のほとんどすべて、そして哲学者自身すら、彼らの人生のきわめて多くの部分、彼らの知覚を自身の唯一の対象と考え、心に密に現前している当の存在は、実在する物体ないし物質的存在であると想定する。〔T.1.4.2.38. 傍点強調は筆者による〕

ここで哲学者は、知覚の非断続性と同一性を調停するために、知覚から独立し、同一にとどまる存在を想定する。この想定には、「可感的知覚の独立的存在」が孕む矛盾の理性的把握が必要であり、その把握により、実際には知覚に現れないはずの存在が措定される［Cf. T.1.4.2.39f］。ところがすでに述べたように、この想定は日常的に絶えず保持されるわけではなく、反省作用が止むと同時にこの想定も消えてしまう[10]。つまり、哲学者という状態を特徴づけるならば、それはわれわれが哲学的、理性的な思考を行うときの状態であり、一方でその際の集中は長く続かず、ふとした瞬間に一般人の状態に立ち戻ってしまう、と表現できるだろう。そしてこのとき、人間本性が一般人の側に含まれているとヒュームが考えていることには、注意すべきである。

以上のような、理性的反省と対立する人間本性のあり方は、考察中である必然性の原理についてもあてはまる。例えばヒューム自身が記述しているように、一般人は不規則な事象に直面すると、原因の作用の不確実さという意味での偶然を考える場合がある［Cf. T.1.3.12.5; E.8.13］。これはヒュームによれば、「ある原因が対象を生み出さない場合、それはその結果の唯一の原因ではなく、ある別の原理によって補助される」［Cf. T.1.3.2.7］という格率を認識しないことで生じる。さらに、ヒューム自身が認めているように、「われわれにきわめてなじみのあるような対象の原因は、決してわれわれの注意や好奇心を打つことはない」［NH.1.6］ため、絶えず不規則な事例がみいだされる世界のなかで、われわれは偶然を否定し、その各々に「原因の隠れた作用」［T.1.3.12.5; Cf. E.6.4］を認めるわけではない。仮に「ものごとには必ず原因があるはずだ」と考え、目の前の出来事に原因を考えようという態度をとるにしても、その

［10］この特徴は、外的対象の知覚の議論に限らず、ヒュームが『本性論』の最後の部分で到達した、われわれの認識構造についての一般的結論でもある［Cf. T.1.4.7.7f］。この立場が、のちにケンプ・スミスらの自然主義解釈において重視される。

集中が長く続くということはないだろう。このことは、ヒュームの言葉に反して、われわれが一般に必然性の原理を認めているとはいえない場合があることを示している。すなわち、われわれは本性的には、必然性の原理を日常的な態度において認めているわけではない。すると、少なくとも日常的には、そして人間本性のレベルでは、原因をもたないような無差別の自由が、われわれに認識される余地が出てくるように思われる。

第六節　第二の問題――必然性の原理の内容と範囲の内実

また第二に、必然性の原理自体について、そしてその適用範囲についても問題がある。ヒュームは、「存在し始めるものはいずれも、その存在の原因をもたなければならない」［T.1.3.3.1］という格率の根拠を求め、「なぜわれわれは、特定の原因は特定の結果を必然的にもたなければならないと結論するか」［T.1.3.3.9］という問いへの答えに、その根拠を期待する。そしてヒュームは、われわれはおもに対象間の恒常的随伴の知覚を通じて、対象の間の必然性を考えるようになると述べる［Cf. T.1.3.6.3f］。しかし、エア［Cf. Ayer 1980: 69–72］やペネラム［Cf. Penelhum 2000: 16–6］が指摘するように、いかにわれわれが規則性から対象間の必然性を考えるようになるということが正しいとしても、そのことが必然性の原理を論理的に根拠づけるわけではない。仮に必然性があると考えることの由来が恒常的随伴の知覚で正しいとしても、本当にその格率が世界のなかの必然性を正しく捉えているかは、また別の問題だからである。ヒュームは、最初の格率に関して補助的な問い以外のことをいわない以上、「原因の欠如」から生じる事象は論理的に可能であり、その意味で無差別の自由もまた、同様に論理的に成立可能なのである。[11]

さらに、とりわけ『知性研究』でみられるように、ヒュームは人間に関わる事象間の結びつきが不規則である事例に言及する。例えば、人間は、住む国や性別、年齢によって、特定の状況に対し異なる行為をとるといわれる〔Cf. E.8.11〕。この事例を扱うにあたり、ヒュームは「ある程度の斉一性、規則性を想定する、より大きな多様性を有する格率」〔E.8.10. 傍点強調は筆者による〕といった表現を使い、なんとか規則性や必然性を救いつつ、厳密な必然性から逸脱する事例を記述しようとする。ここでは恐らく、人ごとに異なる性格が想定され、特定の状況と性格、そして行為の複雑で不規則にみえる結合が成立しながらも、その結合自体は必然的であるとヒュームは主張しているのだと思われる。しかし、ヒュームはさらに、別の不規則な事象に関して、次のようにいう。

私は認めるが、いかなる既知の動機との規則的な結合をもたないようにみえ、（中略）ふるまいのいかなる尺度にとっても例外であるような、いくつかの行為をみいだすのは可能である。しかし、もし、そのような不規則で常軌を逸した〔extraordinary〕行為に関していかなる判断を下すべきか、われわれが進んで知ろうとするなら、不規則な事象に関して通常抱かれる感情を考えてみよう。（中略）自然の素材を扱う職人でも、（中略）彼のねらいが外れて落胆するものである。[12]〔E.8.12〕

〔11〕この事情については、本書第七章を参照。

この箇所のヒュームの主張のポイントはわかりやすいとはいえない。しかしここでヒュームがいおうとしているのは、次のようなことだと思われる。すなわち、必ずしも規則的には現れない対象について、われわれは時に予測を外して落胆する以上、全く予測不可能なことに推論が関わるのは、落胆が増すだけであって、判断対象としての価値はない。すなわちヒュームは、この箇所では、実在する不規則性を、規則性にもとづく因果推論から除外し、その認識に対して消極的になっている。そこで、われわれが必然性の原理を用いて哲学的な反省を行う際にも、その原理が適用される範囲に関して、一種の制限が存在することになる。つまり、判断対象に規則性がある、もしくは少なくともあると考えられるような場合にのみ、哲学的な反省が可能であるという制限である。

さて、以上のような必然性の原理に関する例外が認められると、どのような事態になるだろうか。われわれの意志自体は、少なくとも主観的にみると、「何ものにも服せず、どの方向にも容易に動く」［T.2.3.2.2］場合がある。一方でヒュームは、必然性の原理から、意志を規定する何らかの動機があり、その動機と意志の斉一性を主張する［Cf. T.2.3.2.2］。ただ、背後に動機があるかどうかは、例外を認める以上不確実なままである。その場合、ヒュームは、ある不規則性の背後に動機を想定するべきか否かの基準を与えていないことになり、必然性の原理を適用しうる範囲が不明瞭になってしまう[13]。それゆえ、不規則に動く意志に対し、必然性の原理の適用をあきらめ、そこに無差別の自由を想定するという可能性が残されることになる。

第七節　ヒュームの前提——印象と規則の関係、および人間観と認識観

以上、われわれをとりまく事情に即して無差別の自由を否定する際、必ずしもヒュームが正当ではないことを確認した。これからみるように、この矛盾は、ヒューム哲学のなかに共存する、異なる方法論から生じている。しかし、そうした矛盾を抱えるヒューム自身の議論からは、ヒューム哲学の体系一般に関係する性質や、ヒューム自身が抱いている前提的な考え方が浮き彫りとなり、それはヒューム哲学を理解する上で非常に重要なポイントとなると筆者は考える。本節では、そのポイントを二点指摘したい。

まず第一のポイントとして注意したいのは、印象概念に対するヒュームの独特の態度である。われわれはこれまで、行為の最中に感じられる放逸さから、無差別の自由の印象について考察してきた。しかし一方、行為者自身として何か行為をするときに感じられる放逸さが存在するにもかかわらず、ヒュームは無差別の自由をわれわれの認識から排除する。ヒューム自身、著作のなかで、「無差別の自由の印

[12] 類似する論点は、続く箇所において、気まぐれな人間のふるまいについてヒュームが語るときにも同様にみられる［Cf. E.8.15］。この事例においては、まだ恒常的な仕方で内的原理、動機が作用していると想定されるが、それでも「性格がある程度まで不整合、不規則的である」［E.8.15］といわれていて、因果性と不規則性の矛盾が看取される。類似する記述は『エッセイ』にもみられ［Cf. Es.111-3］、ここでは、無差別の自由と同義の偶然が、気まぐれな行為に結びつけられ、規則を樹立することが不可能であるといわれる。

[13] このことに関連して、規則性の意味のとり方に応じて、規則性や不規則性、そして必然性の原理の適用範囲も変わってしまうことについては、フリューも指摘している［Cf. Flew 1997: 148］。

象」という表現を一回も使わないどころか、自由の議論において印象に遡及しようとすらしないことが、その態度を証拠づけている。しかしながら、仮に無差別の自由の印象が扱われうるのであれば、それが観念化され、言葉と結びつくことで、われわれの共通の認識が成立すると考えることには、不合理はない。他方、例えば「必然的結合の印象」の場合、第四章までにみてきたように、ヒュームはある心の働きから生じる一種の感じを積極的に印象として導入し［Cf. T.1.3.14.20; E.7.28］、そしてそれにより、われわれの必然性の認識を、「必然的結合の観念」として扱う足がかりを準備している。ここから看取されるのは、同じ「感覚」や「感じ」に対して、あるものは印象と認め、別のものは印象と認めないという、ヒュームによる一種の恣意的な取捨選択である。しかし、このような恣意的な選択は、ヒューム哲学にとっていかなる意味をもつだろうか。

ヒュームが諸事情を「記述する」というとき、ここから連想されるものの一つに、記述的態度と対比される「修正［revision］」的態度がある[14]［Cf. Strawson 1959: 9–12］。もちろん、これはヒューム自身による対比ではなく、ヒュームの意図をテキストから直接に汲みとることにはならないが、印象の取捨選択の問題を考えるのに有益であると思われるので、以降の議論で使用していきたい。ここで記述とは、「世界に関するわれわれの思考の現実的構造を記述する」ことであるのに対し、修正は、「（われわれの思考の現実的構造より、）よりよい構造を生み出す」ことを意味する[15]［Cf. Strawson 1959: 9. 括弧による補足は筆者による］。ここで「われわれの思考の現実的構造」は、「歴史をもたない、人間の思考のしっかりとした核心」［Strawson 1959: 10］であり、これはヒュームのいう、あらゆる時代でも同一な「人間本性」と重なるようにみえる。そこで、この二つの態度を基準として、ヒュームによる無差別の自由の否定を評価してみたい。

第一に、ヒュームによる印象の記述が、上の意味での「記述」に合致するとすれば、無差別の自由に対してヒュームがとった態度は、単なる怠慢ないし看過であると考えられる。すなわち、現実にわれわれが放逸さを感じ、感覚する場面をとりあげ、その事情を記述し、それに「自由」という言葉を結びつけるという場面の記述を、ヒュームがしそこねただけだと考えられる。その場合、ヒュームは改めて「無差別の自由」を印象としてとりあげつつ、それを「意志の決定にしたがって行為したりしなかったりする」［E.8.23］という自発性の自由と対比させながら、どちらの自由が道徳や宗教により関わりがあるかどうかを論じることができる。そして実際、ヒュームの「人間本性の探求」という本来の目的に適うのは、こちらの態度であると思われる。この場合、「人間が本来自由をどのように考えるか」ということについて、第五章において論じた原因概念と同様、むやみに還元的に考える必要はなく、自由の多元性を保持する道が開けるからである。

しかし第二に、ヒュームが印象の導入を通じて、「修正」を意図しているとするなら、事態はより複雑になる。この場合、ヒュームは、自由に関して「よりよい（思考の）構造を生み出す」こと、具体的

［14］実際、P・ストローソンは、「記述」と「修正」を扱う箇所で、ヒューム哲学を、この両者の側面をもつものと評価している［Cf. Strawson 1959: 9–10］。

［15］無論、この二分法自体に問題がないというわけではない。純粋な「記述」という行い自体に、すでに一種の価値づけが入り込んでいるし、またその記述対象を共有する主体が誰かということについて、問題があるように思われる［Cf. Stjernberg 2009: 529–41］。本書では、この問題を取り扱うことはできない。

には、必然性の原理にもとづいて、自由という概念から「思考の規定の欠如、放逸さ」という意味を排除し、自発性の自由の意味に自由を限定することになる。この態度は、無差別の自由や偶然は「存在しない」、ないし「存在しないと普遍的に容認されている」という言葉に端的に表れている［Cf. E.6.1; E.8.25］。しかし、すでに第五、六節で確認したように、この限定には、人間本性のあり方との齟齬や、不規則なものの認識に対する消極性といった難点がある。加えていうなら、ヒューム哲学の本来の目的は、経験ないし実験的経験の収集にもとづく人間本性の探求であったが［Cf. T.I.4f］、その探求の注意として、その経験を「人生の注意深い観察から」収集し、「世間の日常的［common］過程において、現れるがままに」とる必要があるとヒュームはいう［Cf. T.I.10］。もちろん、無規定、不規則にみえる人間のふるまいをみて、その背後に動機を想定するという態度は可能である。しかしこの態度は、少なくとも、人間本性のうち、哲学的な観察者という一側面のみの描写にとどまるし、また本章第五節で確認したように、この一面が、人間本性の他の部分を凌駕するわけでもない。筆者は、少なくとも自由の概念に関しては、ヒュームはあくまで記述的態度にとどまり、われわれに多様に現れる自由についての考えを認め、その複数の自由から改めて道徳や宗教の成立可能性を論じるべきだったと考える。原理や原則をもとに、われわれの現実的思考から、特定の自由を排除する手法は、ヒューム哲学の、人間本性や印象に着目する手法とは全く相容れないからである。[16] 以上が、印象概念に関するヒュームの取捨選択についてである。

第二のポイントは、ヒュームが人間や認識のあり方に関して規則性を重視する態度をとっていることである。本章第五節で考察したように、ヒュームは、必然性の原理を一般人に不当に強く帰属させている。この誤りは、ヒュームの哲学体系や、ヒューム自身が抱いている前提から生じているように思われる。ヒュームは、因果関係を連続、近接、恒常的随伴で定義づける［Cf. T.1.3.14.35］。そしてこの定義より、自然のなかの事象であれ、行為とその原因となる意志や人格であれ、何らかの原因を把握するためには、おもにその間の恒常的随伴にもとづいているとヒュームは主張する［Cf. T.2.3.1.3-17; E.8.4-17］。加えてヒュームは、「すべての学問の唯一かつ直接的な効用は、それらの原因によって、未来の事象をいかに制御、規制すべきかわれわれに教える」ものであり、「われわれの思考はいつでも、この（因果）関係に従事する」［E.7.29］という。こうした考えから示唆されるのは、ヒュームが考える「人間」は、おもに恒常的随伴で構成される因果関係を含む事象に重きをおき、それ以外の事象にあまり関心を向けていない。[17] そこでは、不規則でありうる人間の行為や意志は、思考の対象から外され、学問として扱われなくなってしまう。これは例えば、ヒュームが歴史を、「その主要な効用は、多様性に満ちた事情や場面における人間を提示し、（中略）人間の行為、ふるまいの規則的な根源に習熟するための素材を提供することで、人間本性の恒常的、普遍的原理を明らかにすることにすぎない」［E.8.7. 傍点強調は筆者による］と考えてい

［16］このことに関連して、P・ラッセルは、行為と意志についての論理的考察の結果からでなく、われわれが実際に人に責任をおわせる仕方に着目して道徳や自由を論じるという点で、ヒュームの自由論はP・ストローソンの主張と類似するという［Cf. Strawson 1982: 59-80; Russell 1995: 58-84］。ただ、P・ラッセルの場合、もっぱらヒュームの道徳論のみに考察を絞っており、無差別の自由がわれわれに関わりうる仕方については考察していない。

［17］このような態度は古来よりみられる。例えばアリストテレスは、偶然的な存在を認めつつも、学問の対象として排除しようとする［Cf. Aristotle 1975: 298-305］。それは、あらゆる学問が、四種類の「原因［αιτια］」の探求につながり、そして諸学を統治する学問が、まさに哲学と考えられているからである［Cf. Aristotle 1975: 10f］。もちろん、この四種類の「原因」は、ヒュームのいう原因よりも広義であって、ただちにヒュームの態度と同じであるとはいえないが、「原因」を重視する態度は、遠く古代ギリシャから通じている。なお、必然性と偶然に対する態度について、野内の比較文化的研究［野内 二〇一〇］は興味深い。

る点にみてとれる。

とはいえ、ヒューム哲学に規則性や因果性への強い志向があるからといって、われわれ自身の行為や意志の無規定性が、現象、つまり感じや印象として消えるわけではない。もちろん、ヒュームの時代には、自由の有無と道徳や宗教の成立可能性が大きな問題であって、[18]必然性の原理を導入して問題を解決することがヒューム哲学の先行的動機であるのは十分に考えられる〔Cf. T.2.3.1.2〕。ただ、たとえこの問題が「（自由）意志を扱うにあたり非常に自然に生じる問題」〔T.2.3.1.2〕であるにしても、自由や意志には複数のあり方が可能であり、とりわけ道徳や宗教と関わりのない自由が可能である以上、ヒュームは、自身の哲学を展開するにあたり、従来の哲学的伝統にとらわれ、われわれの自由の多義的なあり方を制限する必要はなかったと思われる。

第八節　おわりに

本章を概括すれば、無差別の自由を否定するヒュームの議論には、①われわれの認識的態度の混同、②必然性の原理自体の正当性、の二点で難点がある。ヒュームは知らぬうちに、哲学者という状態を人間本性に引きつけて論じているが、これはヒューム本来の目的と反している。また、必然性の原理は、経験的に正当化され、一種の探求原理として機能しうると考えられるが、それ自体論理的に正当化されたものではなく、その原理から外れる事例の可能性は絶えず残される。そしてとりわけ、人間の不規則的なふるまいは、その事例に含まれうると考えられる。この二点から、ヒュームの主張にもかかわらず、われわれが無差別の自由を考える余地が存在することになる。また、本章の問題から、ヒューム哲学のなかにみられる、いくつかの前提的性質が明らかになった。具体的には、（一）印象を導入する際のヒュームの恣意性、（二）規則性を強く重視するヒュームの人間観、認識観の二点である。これは、ヒューム哲学が成立するその傍らで作用し、最終的にヒューム哲学のあり方を歪めているように思われる。

第五章でも示唆されているが、本章の問題は、「一般人」と「哲学者」の立場の区別とその役割を、ヒュームが十分に認識しなかったことから生じる。ヒュームの自由論の難点は、主たる考察対象であった「一般人」から離れ、人間本性を「哲学者」の立場に投影してしまったことで生じている。本章では、「一般人」に立脚する無差別の自由が印象として導入可能であるという観点から、ヒューム哲学と無差別の自由の関係について論じた。この問題意識を引き継ぎつつ、次章では、より一般的に、ヒューム哲学と偶然がどのように関わるかについて考察していきたい。

［18］ヒュームに直近する時代に限っても、クラークとコリンズの間で、少しさかのぼるとホッブズとブラムホールの間で論争が行われている。前者の事例についてはHarris［2005: 41-63］を、後者の事例についてはChappell［1999］を参照。

第七章　ヒューム哲学と偶然の問題

第一節　はじめに

本章では、ヒュームの哲学に現れる「偶然」について考察する。ヒュームは、偶然の存在に関してはきわめて消極的態度をとる。そして実際、哲学史上、ヒュームは偶然を否定すると評価されてきた[1]。しかし、ヒューム哲学全体をみるとき、この主張がもつ意味はいくつかの解釈の余地がある。さらに、ヒュームが偶然を否定する際の議論は単純ではなく、いくつかの点で問題もある。したがって、上記のようなヒュームの言葉を素朴に受容することはできない。一方で、ヒュームが偶然を否定するときの議論は、ヒュームの前提的な人間観や、反省によってえられる「規則」を認識根拠とする箇所でもあり、その議論の構造は、人間本性を探求するヒュームとは異なるもので、注目に値する。さらに、ヒュームが

[1] 例えば、ハッキングによるヒュームの評価を参照［Cf. Hacking 1990: 13–4］。

偶然について論じるときには、「人間本性」の一種の拡張が起こり、人間本性の探求を目指すヒューム哲学のあり方に変容が生じることもあって、ヒューム哲学の体系的柔軟性をみてとることもできる。その点からすれば、ヒューム哲学に現象主義と独立した一面を剔出するうえでも、この問題を論じることは有益であるように思われる。

本章では次のように議論を進める。まず第一に、ヒュームの偶然についての用法と、偶然を否定する際の議論を確認しつつ、ヒューム哲学全体を踏まえ、ヒューム自身の表現よりも詳細な予備的解釈を与える（第二節、第三節）。次に、ヒューム哲学における「一般人」と「哲学者」という概念に着目し、上の予備的解釈の内容をさらに深める（第四節）。第三に、ヒュームが偶然を否定する際の問題を指摘し、それを回避するように思われる既存の解釈と筆者の解釈を提示しつつ、偶然の否定の可能性、およびその意義について考察する（第五節、第六節、第七節）。

第二節　偶然の三用法とその存在の否定

ヒュームの著作内では、必然性と対置される「偶然［chance］」の用法は、三つに分類される。第一の用法は、ヒューム自身が考える偶然であり、それは出来事についての原因の欠如を意味する。すなわち、「偶然はそれ自身において実在的なものではなく、厳密にいえば、単に原因の否定［negation］にすぎない」［T.1.3.11.4］。「偶然の当の本性、本質は、諸原因の否定である」［T1.3.11.12; Cf. E.8.25］。この用法は、「偶然とは○○である」といったような、偶然自体の積極的性質を指示するような積極的定義ではなく、むしろ必然性、因果性が欠けているという否定的定義にあたる。

第二の用法は、ヒュームではなく、「一般人」が考える偶然である。「ものごとを初めの見かけどおりにとる」一般人は、普段生じる出来事が生じないと、原因が作用しなかったと考える［Cf. T.1.3.12.5］。例えば、動いていた時計の針がある瞬間に動かなくなると、一般人は、針を動かす原因が、たまたま働かなくなったと考える。このときヒュームが前提としているのは、一般人は、針が動かないことについての原因なしに針の運動の原因が作用しないと考えている、ということである。[2]

最後の用法は、ヒュームの観念説のなかでの偶然である。この場合、偶然は、「心を不偏［indifferent］にし、思考の規定を破壊する」［T.1.3.11.4］、「観念連合の法則が緩やかであれば、それによって観念連合が生じる」［T.1.1.4.1］ものである。次にどのような知覚が生じるかを述べた観念連合の法則には、類似、時空的近接、因果性といった関係性が挙げられるが［Cf. T.1.1.4.1f. E.3.2f］、ここでは、おもに因果性による連合の規定がないことが念頭におかれている。すなわちここでは、因果性の主観的把握の欠如が、偶然として捉えられており、ある対象の知覚から別の対象の知覚へとなかなか容易に進まないことが、偶然という概念を介して語られている。

さて、ヒュームは、上記第二の、一般人の考える偶然を退け、第一の意味の偶然を支持する。この際、ヒュームは二つの補助原理を用いている。第一の原理は、「必然性の学説［doctrine of necessity］」［E.8.17

［2］このことについては、本章第三節において改めて論じる。ここで、「原因、規定がない」というのは、エピクロスやルクレティウスがいう、原子の「斜傾［clinamen］」が生じる際の、「不定な［incertus］」時や場所［ルクレーティウス 一九六一：七一－五参照］という表現が念頭におかれている［九鬼 二〇〇〇：八二－三参照］。

とよばれるものである。「普遍的に認められているように、何物も原因なしには存在しない」[E.8.25; Cf. T.1.3.3.9]。ここでの原因は、物理的な必然性に含まれる原因にとどまらず、われわれの内的な欲求、動機におよぶ[Cf. T.2.3.1.5–10; E.8.7]。また、第二の原理は、原因の作用の断続性に関する。「ある対象が、全く完全な状態で、ある時間の間存在しつつ、別の対象を生み出さない場合、それはその対象の唯一の原因ではなく、その不活性の状態から押し出し、それが密かに有している活力を行使させる、別の原理によって補助される」[T.1.3.2.7]。この原理は、ヒューム自身も反論の余地があるというが[3] [Cf. T.1.3.2.7]、それでもこれは、経験に即した規則だと考えられている。

さて、ヒュームによる第一の偶然の用法、そして二つの原理にもとづくと、この世界の出来事は、すべて原因を有している。そして原因は、存在するかぎり必ず結果を生み出す。一方、ヒュームによれば、偶然は「原因の欠如」にすぎない。これよりヒュームは、「偶然は〔中略〕少なくとも経験と直接的に対立する」[T.2.3.1.18]、さらには別の箇所では、「偶然は普遍的には存在しないと認められている」[E.8.25; Cf. E.6.1]という。一般人の考える偶然は、「哲学者」ないし関連する出来事に習熟した人が考える「隠れた原因」[T.1.3.12.1]が絶えず作用することで、必然性に解消される。そして、「すべての原因と結果の間の結合は、等しく必然的であり、その〔結合の〕見かけ上の不確実性は、〔中略〕反対の原因の隠れた作用から生じる」[T.1.3.12.5 括弧による補足は筆者による]という命題が、規則として樹立される[4]。ここでは、一般人と哲学者は、不規則性の背後に「隠れた原因」が存在するという想定の有無によって区分されている。

さて、ここでは、「経験と直接的に対立する」という表現の「経験」という言葉が、一種の制限を受けてキータームとなっている。つまり、「すべての原因と結果の間の結合は、等しく必然的である」という主張に到達するときに、必然性を示す事例の経験が必要とされている。というのも、もしそうした経験が必然性の教説への到達に無関係であるなら、「ものごとを初めの見かけどおりにとる」、限定的観察を行わない一般人もまた、原因の不作用による偶然を想定することはなかっただろう。それゆえ、必然性の教説、そして偶然の否定に至るための経験は、ある限定的な意味をもっている。

第三節　必然性の教説と「経験」の意味

ヒューム哲学の枠組みのなかでは、前節で述べた「経験」は、二つの意味をもつように思われる。まず第一に、経験は、われわれが個々の経験から、事実についての単一的な因果関係を認識することを意味する［Cf. T.1.3.6.2f］。しかし、あくまで個別的経験についての個々の認識だけでは、見かけの不規則性を超えて支持される必然性の教説に到達するには不十分である。そこで第二に、経験は、われわれが個々の因果的認識を因果性一般という共通事例に合一し、因果性に関する一つの総合的信念を形成することを意味する。例えば、Aという対象がBを引き起こし、CがDを引き起こす……といった個々の事例をみて、それらがともに因果性という一般的な関係にあると考えることを意味する。その場合、この信

［3］この問題については、例えばラッセル［Cf. Russell 1963: 132-5］の議論を参照。

［4］ヒュームが偶然の否定に用いた根拠は、そのまま「原因と結果を判断するための規則」のうち、第二規則、第四規則、第八規則［Cf. T.1.3.15.4f］に含まれている。

念は、個々の因果的認識を合一しつつ、最終的に原因の断続的作用の考えを含む必然性の教説となり、その教説を支持することが、隠れた規則性をわれわれが想定することと同義となる。

さて、以上の「経験」の意味に対し、いくつか補足的考察が必要となる。例えば、①上記の信念の形成の可能性が検討されなければならない。また、②以上のような「経験」の説明は、循環論法ではないか疑わしくみえる。またさらに、③そもそも上記の認識と信念の枠組みが、果たして一般人と哲学者の因果観や偶然観の描写に適用されるだろうか。以下では、この三つの疑問について考えてみたい。

①の疑問は、個々の事実的認識を、包括的な因果関係の一部を成すものと考えることが可能かどうか、換言すれば、因果性の包括的なクラスを考えることが可能かどうかの問題になる。これは、そもそもヒュームが因果関係を定義し［Cf. T.1.3.14.31f］、さらにそれを判断するための一般規則を与える［Cf. T.1.3.15.1f］ことから、ヒューム哲学自体がその可能性を提示している。[5] 先ほど挙げたA、B、C、Dといった対象は、その間に生じる関係が理性的に認識され、そこに特定の共通点が発見されることで、包括的な因果関係に適用されるようになる。

②の疑問は、不規則性の背後の隠れた原因を探究する場面において、当の信念が、根拠として要請されると同時に、経験により獲得されるという論点先取が生じることにある。とはいえ、この信念は、不規則性を含む経験ではなく、規則性をもった経験と、その認識からも生じるため、その段階で生み出される信念が、不規則的な経験にも適用されると考えることで問題は解消する。この場合、信念は論理的循環ではなく、いわばらせん状の循環のうちにある。つまり、見かけ上現れる規則性についての認識の事例をベースとして、見かけの不規則性の背後に隠れた規則性がみいだされるという複数の経験が新た

に付け加わることで、必然性の信念はより広範な内容を有するようになる。

ただ、③の問題は難解である。そもそも、偶然の有無に関してヒュームが考えている「一般人／哲学者」の区分自体が、一種の不明瞭さを抱えている。前節の引用では、ヒュームは、偶然に関して一般人と哲学者の考えを本質的に隔てるものが、不規則性の背後にある隠れた原因の想定の有無だと考えているようにみえる。ただ一方で、一般人は、哲学者に比べて「時計がうまく動かないという以上の、よりよい理由［better reason］を与えることができない」［T.1.3.12.5］だけである。すると、ここから次のようなことが考えられる。すなわち、両者を本質的に隔てるのは、実際には「隠れた原因の想定」の有無ではなく、正確にはむしろ第二の補助原理として挙げた「原因の作用の断続性」である。一般人が「原因がたまたま作用し損なった」というとき、この補助原理を欠いているとはいえ、なおも一般人は時計の停止とそのメカニズムを因果性の俎上で考えていて[6]、因果の断続的作用を欠いた必然性の教説をとっている可能性があるからである。この場合、③の問いは、因果作用の断続性という考えの有無を、「経験」の問題と関連させて、どのように一般人と哲学者の区別に適用できるかという問題に帰着する。そこで、この問題の解決のため、今しばらく、「一般人」と「哲学者」概念がもつ別の側面について考えていきたい。

［5］このことの詳細については、第五章を参照。

［6］このことは、消極的偶然が、それ自体のうちに積極的偶然の余地を絶えず残すことに関連している［九鬼二〇〇〇：一〇〇-五参照］。一般人は、時計の針の停止をみるとき、針の停止と時計の機構を、「たまたま」という条件下においてでも結びつけなければ、そもそも「時計の針がうまく動かなかった」などということができない。この事情は、「よりよい理由を考えることができない」というヒューム自身の言葉からも明らかである。

第四節　一般人と哲学者の用法の再考

第六章でも扱ったが、その側面は、例えば外的対象やその同一性についてのわれわれの日常的な認識のあり方にヒュームが言及するときに現れる。例えばヒュームは、次のようにいう。

> 類似するわれわれの知覚の同一性についてのこの意見を支持する人は、一般に人類の、思考せず、非哲学的な部分のすべて（すなわち、あるときのわれわれ全員［all of us, at one time or other］）である。［T.1.4.2.36. 傍点強調は筆者による］

ヒュームは、続く箇所でも、前述の引用に類することを述べる。

> 確かなことは、人類のほとんどすべて、そして哲学者自身すら、彼らの人生のきわめて多くの部分、彼らの知覚を自身の唯一の対象と考え、心に密に現前している当の存在は、実在する物体ないし物質的存在であると想定する。［T.1.4.2.38. 傍点強調は筆者による］

この二つの箇所でのヒュームの論点は、知覚と対象という二重存在を考える哲学者ですら、日常的には、非哲学的な人類一般、すなわち一般人と同様に、直接知覚しているものを対象と捉え、同一性を対象に帰属しているということである。すなわち、以上に示される箇所での哲学者は、日常場面という状況のなかで、一般人に包括されている。[7]

さて、われわれの日常場面を顧みるとき、この哲学者の性質は、偶然の問題についても同様であると思われる。不規則性の背後に規則性を考えるとき、われわれは過去の規則性の事例を思い出し、それらを比較することを必要とする。そしてこれは、ヒューム哲学においては、注意、集中を必要とする理性が関わることを意味する［Cf. T.1.3.12.6-7］。しかし、現前する出来事すべてに、われわれがこの知的作用を行使するというのは正しくない。現前する無数の不規則性に対して向けることの可能な関心は、自然的にはかなり限定されている。[8] そのため、不規則性の背後で断続的に作用する原因を探る場合、この不規則性がわれわれにとって限定的主題となっている必要があるが、この主題があらゆる不規則性に適用されると考えることは難しい。それゆえ、外的対象の知覚の場合と同様、必然性の教説を格率としてもつ哲学者でも、日常的には、一般人と同化し、そこに不完全な因果性しか認めないという方が適切であると思われる。[9]

もしそうだとすると、逆に次のようなことが示唆される。すなわち、ヒュームのいう「哲学者」は、ある特定の時計職人であったり、プラトンやデカルトといった特定の哲学者といった、具体的な人間の恒常的な認識の構造というよりも、むしろ自然な日常生活から浮かび上がる具体的な主題への、われわ

［7］類似する事例は、他には「形而上学的反省」［Cf. T.1.4.7.8］、「過度な懐疑論者」［Cf. E.12.23］などにもみられる。

［8］この点については、本章第六節において、改めて論じる。

［9］『自然史』においても、きわめてなじみのある対象についての因果関係について、一般人としてのわれわれが興味を抱かず、考察せずに看過する様子が描かれる［Cf. NR.1.3］。

れの意識のあり方を示している。対照的に、少しでも不規則性に反応しうるかぎり、特定の一般人もまた、不完全な程度でではあれ、「哲学者」になることができる。すなわち、二つのタイプの人間のあり方は、不規則性に反応する程度や主題の差に応じて区分される。[10] そして同時にこの程度の差は、隠れた規則性が探究されるために必要な必然性の教説が適用される内容の差を示すように思われる。例えば時計職人にとって、時計の構造について日常的に関心を抱いているために、時計が不規則な動きをみせたとすれば、例えばホコリが入って歯車の運動を邪魔しているといったように、何らかの隠れた規則性への解消を目指そうとするだろう。同様に一般人も、日常的に重要な事柄に関して不規則性が現れるならば、そこに隠れた原因を想定するだろう。

さて、この問題意識は、断続的に作用しているはずの隠れた原因を想定させるため、因果推論を生み出す有効な理由として機能する。逆に、例えば時計の例の場合、一般人は時計に対して十分な関心をもたないため、隠れた原因の断続的作用の想定には至らず、ただ単に時計がうまく動かないとしか考えない、という状態を描写している。それゆえ以上を踏まえると、哲学者であることは、ある特定の主題における、因果性に対するわれわれの探求的な認識状態として考えることができる。

経験によって不規則性のなかにも隠れた原因を想定するとヒュームがいうとき、正確には以上のことが含意されているように思われる。それでは、前節の疑問③に対する返答は、どのようなものになるだろうか。まず、偶然の考えに関して一般人と哲学者を隔てるものとして、不規則性の背後にある原因の想定の有無に加え、不規則性に対するわれわれの関心の程度の違いを挙げることができる。さらに、哲学者のあり方に関してこれらを並べて考えてみると、特殊な認識状態としての哲学者は、隠れた原因を想定する哲学者に先行することがわかる。不規則性に面するとき、われわれは、その背後に断続的に働く原因があると考えるより前に、それに注意を向け、過去の事例を想い起こし、必然的な因果性の信念をもち出すことが必要となるからである。したがって、ヒュームのいう一般人が偶然について関わるとき、背後の因果性に対する（Ⅰ）無関心、（Ⅱ）想定の欠如の二つのあり方が、順に存在することになる。一方で哲学者は、この二つの状態を回避している人間の認識のあり方を表している。

第五節　偶然の存在論的否定の問題

これまで、ヒュームが、経験を通じて偶然の存在を否定する論理を確認してきた。すでにみたように、ヒュームが偶然に関して達した結論は、「偶然は普遍的には存在しないと認められている」、「偶然は（中略）少なくとも経験と直接的に対立する」というものである。ところで、「偶然は存在しない」ことと「偶然は経験と対立する」ことは、論理的に独立である。例えば、われわれの経験からは偶然についての認識が生じがたいとしても、偶然の存在を想定することはありうるし、逆に偶然は実在しないのにわれわれが偶然を（誤って）経験するということも考えられる。[11] そこで、前者の「偶然は存在しない」という

［10］マクナブ［Cf. Macnabb 1991: 58］やギャレット［Cf. Garrett 2002: 126–9］は、一般人と哲学者を区別するヒュームの仕方について、それが厳密な区別を与えるものではないという。本章における新しい区別は、「一般人」と「哲学者」という肩書きではなく、一人一人の具体的な認識状態に関して、二つの概念をあてがうものであり、二者の解釈に合致する。

［11］ヒューム自身、われわれが誤って偶然の一種である無差別の自由を認めると考えている［Cf. T.2.3.2.1f］。その詳細については本章第六節、および第六章を参考。

主張を偶然の「存在論的否定」、後者の「偶然は経験と対立する」という主張を偶然の「認識論的否定」と名づけたい。しかし、その各々の否定的主張には問題が存在している。以下では、順にその問題を検討していきたい。

　第一の問題は、偶然の存在の可能性についてである。ヒュームによれば、われわれは経験によって不規則性の背後にある原因を想定する。この原因は「適切な探究によってみいだされる可能性がある〔T.1.3.12.5. 傍点強調は筆者による〕」ものであり、その「可能性は、さらなる観察によって、確実性に転じる」。この確実性のために、偶然の存在は否定され、偶然は実際には「真の原因についてのわれわれの無知」〔E.6.1〕にすぎないことになる。しかし、これはあくまで可能性にとどまるものであり、それ以上の仕方で正当化されることはない。というのも、ヒュームは、原因の必然性が、直観や論証によって、蓋然的ではない仕方で支持されることを否定するからである〔Cf. T.1.3.3.1f〕。すると、「偶然は存在しない」という主張は、やや強すぎるのではないかという疑問が生じる。

　ヒュームと類似する立場として、「すべての出来事は必然的に規定されている」という強い決定論を打ち出したスピノザの場合も、偶然はわれわれの無知に帰されている[12]。一方、スピノザとヒュームを隔てるのは、彼らの議論の論理である。スピノザの議論では、初めに神を中心とした必然的体系が確立され、そこから偶然が無知として退けられる。その場合、偶然の否定は、論理的に正当化されることになる。一方ヒュームの場合、因果性の複数の事例とともに、経験を通じて、主観的無知が徐々に解消されていくという論法をとるため、われわれの認識に解消されない偶然は、つねにその論理的可能性を残すことになる。

この問題は、因果的消極的偶然の客観性についての九鬼の考察に関連する。九鬼は、未知の現象の因果系列すべてを、同一の因果的必然性に原理上従属させ、偶然を主観的無知に帰属させる考え方を批判し［九鬼二〇〇〇：一二二-七参照］、不規則性を出現させる非決定性の余地を認める例として、例えばブートルー[13]の思想を挙げる［九鬼二〇〇〇：八九-九二参照］。この事例は、ヒュームやスピノザが導出する「偶然＝無知」に対する反論として機能している。

ところで、ヒューム哲学の解釈の一つである「懐疑的実在論［sceptical realism］」[14]は、偶然の存在論的否定の立場をとりうる。この立場は、経験を成立させる観念説の外の領域から、ヒューム哲学において偶然が成立しないことを、二通りの仕方で主張しているように思われる。例えば第一に、G・ストローソンは、いわゆる「因果性の規則性説［regularity theory of causation］」をヒュームが支持しているという

［12］「すべての物は神の所与の本性から必然的に起こり、また、神の本性の必然性によって、一定の仕方で存在し、作用するように決定されている」ために、「ある物が偶然［contingens］とよばれるのは、われわれの認識の欠如［defectus nostrae cognitionis］に関連するかぎりであって」、「その本質が矛盾を含むことをわれわれが知らないもの、もしくはそれが何の矛盾も含意しないことをわれわれがよく知っているとしても、その原因の秩序をわれわれが知らないため、そのものの本質について全く確実に主張できないものを、われわれは偶然や可能とよぶ」という言葉に代表される［Cf. Spinoza 1972: 73-4］。なお、ヒュームに近い時代のイギリスで、同じく偶然をわれわれの無知と考える哲学者に、トーランドやウォラストンがいる（Cf. Toland, 1999: 236, Wollaston, 1746: 149-52）。

［13］ブートルーの場合、存在［être］、類（概念）、物質［matière］、物体［corp］、生物、人間の各因果的領域があり、それらは先行する領域に必然的に還元されることが不可能であること、その領域内において、固有の目的論的原理が発動し、前段階までの必然性に回収されない偶然［contingence］が存在することが主張される［Cf. Boutroux 1895: 132-44］。

［14］この立場の詳細や問題については、ビービーがまとめている［Cf. Beebee 2006: 173-225］。

考えを否定し、実際にはヒュームが、規則性に還元されない、因果性の根本性質の存在を形而上学的に信じ、規則性が単なる偶然［fluke］によるわけではないと考えていると主張する[16]［Cf. Strawson 1992: 20–31］。また第二に、G・ストローソンやJ・ライトは、ヒュームが採用する観念説とは別に、それをもとづけるものとして、例えばニュートン力学やヒュームの時代の生理学の体系をヒュームが採用していると主張する。

目下の問題には、第二の立場が関連する。とりわけライトは、ヒュームの観念説が、デカルトやマルブランシュが唱えるような、機械論的な生理学に密接に関わっていると主張する［Cf. Wright 1983: 187f］。その生理学のなかでは、機械論的法則にしたがう外的世界に連動している「動物精気［animal spirit］」と、われわれの感覚器官、神経、脳が考えられ、その枠組みでわれわれの知覚が論じられると同時に、その知覚が、印象や観念として、観念説の枠組みに取り込まれる。その場合、ヒュームの観念説は、脳と動物精気といった物質の運動、変化へ還元されて考えられる。すなわちこの場合、脳や動物精気が、われわれの知覚の認識論的な根拠ではなく、その背後で機能している機械論的原因であると考えられている[17]。するとと、世界を構成するすべてのものが機械論的に働くために、仮にわれわれが偶然を感じたり認識するとしても、偶然は存在論的に否定されることになる。

ただし、懐疑的実在論による偶然の否定が、本論の目的に適合するかは疑わしい。すでに述べたように、ヒュームが偶然の存在論的否定に関わる場合、九鬼が行うような偶然主義からの批判の対象になるのは避けられない。加えて、懐疑的実在論の動機は、当時の学問的状況を視野に入れつつ、観念説の枠外からの視点によりヒューム哲学を解釈することにあり［Cf. Wright 1983: 3–4］、人間としてのわれわれがどのように偶然を否定するようになるかの一般的説明を、ヒューム哲学にもとづいて与えることではない。したがって、この解釈が説得的だとしても、それが関わるのは、ヒューム自身による偶然の存在論的否定であって、人間一般による偶然の存在論的否定とはならない。それゆえ、ヒューム哲学のなかで、われわれがどのように偶然を考えるかという問題のための根拠として、懐疑的実在論の議論をもち出すことは、適切だとはいえないのである。

G・ストローソンらは、ヒューム哲学の認識論的側面と存在論的側面の区別を強調する［Cf. Wright 1983: 7; Strawson 1992: 10–5］。しかし、この区別においては、実際には、存在論的側面が、認識論的側面にある程度解消されるように思われる。[18] その場合、存在論的側面を考察するなら、絶えずその考察をヒューム哲学の認識論的側面に反映させる必要がある。ところが、認識論的側面においても、もう一つ別

［15］例えばアームストロングは、ヒュームの立場を、法則性を規則性に還元する立場（法則の素朴規則性説［naïve regularity theory of law］）と同定する［Cf. Armstrong 1985: 11–2］。

［16］G・ストローソンによれば、ヒュームの哲学は、必然性の根拠となる「能力［power］」や「力［force］」といったものの存在の可想性を保証するだけでなく、実際にヒューム自身が、そうしたものの存在を、認識論の枠外で信じていたと考える［Cf. Strawson 1992: 118–34］。

［17］ただ、この種の機械論的生理学が、偶然を排するまでに必然的であるとはいいにくい。例えばデカルトは、動物精気が偶然的な運動をすること［Cf. Descartes 1967: 348–9］や、自由な精神が動物精気の運動に関わりうること［Cf. Descartes 1967: 359–61］を認めている。本書では、機械論的世界観と偶然の問題について取り扱う余裕はない。

［18］ブラックバーン［Cf. Blackburn 2000: 100–3］による「懐疑的に存在すると思われる性質は、ヒュームにとって全く可想的でなく、ヒュームの体系にその余地はない」という批判に対して、G・ストローソンらが関係の観念をもとに返答する際、実は彼らは、この考えに立っているように思われる。存在論的／認識論的目的の区別が確固としてあるなら、この種の反論に返答することは、少なくともヒューム自身の立場について議論するかぎり、もはや不要であるからである。

の問題が残っている。

第六節　偶然の認識論的否定の問題

ヒュームによれば、経験によって、われわれは隠れた規則性の認識と、必然的な因果性の信念を獲得し、一般人から哲学者になることができる。しかし、ここでいわれている「経験」は、ある問題を抱えている。いったいわれわれは、自分自身の個人的な経験を通じて、一般人から哲学者になれるといえるだろうか。ところが、ヒューム自身の人間観に照らし合わせると、この問いに対して否定的に返答せざるをえないように思われる。例えばヒュームは、われわれの好奇心［curiosity］に関連して、以下のようにいう。

> 人生は非常に退屈な場面であり、また人は一般に、かなり怠惰な性向をもっている。［T.2.3.10.10. 傍点強調は筆者による］

> われわれは、すべての事実問題について、知らされたいという好奇心をもつのではないし、また知りたいと関心をもつような事実について、好奇心をもつのでもない。その（観念の）不安定さ、非恒常性において、われわれに不快が与えられるほどに、観念がわれわれにかく活き活きと働きかけ、われわれをかく念入りに気にかけさせれば、（好奇心が生じるに）十分である。［T.2.3.10.12. 括弧

による補足、傍点強調は筆者による］

　ヒュームによれば、一般人としてのわれわれは、日常的には、ある程度の不快を与えるような不規則性に対して好奇心をもつ。一方で、幅広い事実問題に関心が向くような哲学者になるためには、自然に生じる好奇心だけでなく、「われわれの探究すべての第一の根源である真理愛」［T.2.3.10.1］が要求される。ところで、この真理愛が生じるためには、われわれの極度の努力［industry］、集中［application］が必要とされる［Cf. T.2.3.10.6］が、一般人の状態にあるわれわれは、独力ではこの情念を享受できないように思われる。怠惰な性向をもつとされるわれわれ（一般人）と、真理愛のために必要とされる努力、集中は、すべての場面で相容れるものではない。[19] したがってわれわれは、自分自身の経験を通じて、あらゆる場面や主題で偶然を否定できるような哲学者にはなれない。前述の例に戻れば、時計職人や哲学者に対置された一般人は、止まった時計に対して時計の原理の不作用を認めるだけであり、みずからの興味の向かない分野には、背後の現象を新たにみいだす態度にはない。[20] このことは、偶然が「経験と直接的に対立する」というヒュームの主張と矛盾するようにみえる。

　そして、実際にヒューム自身、われわれが日常的経験において偶然を感じることを認めているようにみえる箇所もある。それは、第六章でも論じたが、偶然がわれわれの行為に適用される場合に現れる。

［19］同様の論点は、技芸［art］と学問［science］の発展の仕方の違いをヒュームが論じる際に現れる［Cf. Es.113］。
［20］似たような言及は、『自然史』においてもみられる［Cf. NR.1.3］。

無差別の自由についてすら、誤った感覚ないし経験というものがあり、これがその〔無差別の自由の〕実在の論証とみなされている。（中略）（無差別の）自由ないし偶然はその規定の欠如、ある観念から別の観念に移行したりしなかったりする際にわれわれが感じるある種の放逸さにすぎない。さてわれわれがみいだすように、人間の行為を反省する際には、われわれはそのような放逸さや無差別さをほとんど感じないにもかかわらず、それでも非常に普通に起こるように、行為自体を〔われわれが〕遂行する際には、それ〔放逸さ・無差別さ〕に似た何かを感じる。〔T.2.3.2.2. 括弧による補足、傍点強調は筆者による〕

ここでは、行為を起こそうとする意志が何によっても規定されていないことが、「無差別の自由」として扱われているが、その自由は、同時に「偶然」と換言されている。そしてその偶然は、反省が機能していない段階において、われわれに「非常に一般的に」感じられる。ところで、ヒューム哲学では、「感じ」はわれわれの認識の基礎となる「印象」であり〔Cf. T.1.1.1.1〕、無差別の自由ないし偶然の印象が、われわれの主観的な認識に導入されることになる。[21] この事態は、「偶然は経験と直接的に対立する」というヒューム自身の言葉と端的に矛盾するように思われる。

第七節　他者性を含む「経験」と偶然

以上みてきたように、偶然が「経験と直接的に対立する」というヒュームの言葉には、一種の不整合がある。ただ、以上より偶然を否定するヒュームの議論が失敗していると判断するのは、やや早計であるように思われる。というのも、上でみた議論における「経験」は、われわれが個々に心のなかで感じられるという視点から、もっぱら主観的な意味でとられている。一方、これからみるように、ヒュームが必然性の教説に言及する際、経験は、ヒューム哲学に支配的な主観的視点を超えて、公共的な性質をもつようになる。とはいえ、その箇所において、ヒュームがこのことにはっきりと言及しているわけではない。そこで以降、この点を確認していくとともに、公共的な経験が偶然の否定の議論とどのように関わるかを論じる。

さて、公共的な性質をもつ経験とは、主観的な個人だけでなく、その外に存在する他者からの影響をも含意する経験のことである。例えば、ヒュームは他者の言葉の「軽信［credulity］」［Cf. T.1.3.9.12］について語る。そしてこの箇所では、他者性を含む経験が、ある主体に入り込むことを説明するために必要な概念である「教育［education］」が導入されている。ヒューム哲学において、教育は「習慣」に対置される。その文脈においては、習慣が「自然な［natural］反復」であるのに対し、教育は「人為的な［artificial］反復」である［Cf. T.1.3.9.16–19］。そしてヒュームは、自身の哲学を通じて習慣を重視する一方、教育にはあまり着目せず、かつ消極的な性質しか与えない［Cf. T.1.3.9.19］。しかしこの消極性は、ヒューム哲学

［21］ただ、この感覚は「誤った」もので、これが実際に無差別の自由についての印象であるかは疑われている。しかし、「関連し、類似する対象は容易に取り違えられる」［T.2.3.2.2］ということは、この感覚とは別に、すでに無差別の自由が知覚として導入されていることが前提となっている以上、無差別の自由の印象が存在することは確かである。この問題の詳細については、本書第六章第二、三節参照。

の主要な目的の一つが、人為的なものが介入しない本性的な認識機構の解明であることに由来しており [Cf. T.I.4f]、決して教育が、ヒューム哲学において積極的な意義の余地がないことを意味するわけではない。むしろ偶然の問題の場合、教育は、他者の直接的経験、もしくは単に聞いただけのような間接的経験を、われわれに信念の形で伝達する積極的原理であると考えられる。

では、「教育」の導入が、偶然の問題にどのように関わるといえるだろうか。この概念は、ヒュームやわれわれが、実際に隠れた規則性の探究を行い、偶然を否定していくのを補助する役割をもっているように思われる。前節でみたように、一般人の状態にあるわれわれは、自身の経験のみによっては、関心を向けることができる領域について制限されている。そこで、他者からの教育を通じて、われわれにその因果関係の日常的な認識とともに、それを超える事例についての信念が与えられることで、日常的な関心を超える領域の因果関係に意識を向けることができるようになる。そして、個々の主体が自身の経験をその信念に付加することで、必然性の教説は、以前よりもその内容が豊かになって伝達される。その結果、普遍的に認められている物理的必然性や、行為と動機の間の必然性といった、偶然を否定するような論点が漸次構築されていく。

以上の説明は、あくまで信念生成の背後で働くメカニズムではなく、信念生成そのものを考察対象とするため、認識論の観点にとどまる。そしてさらに、教育によって、必然性についての信念に、一般人と哲学者の間で差が生じることも説明できる。すなわち、不規則性についてのわれわれ自身の限定的な経験は、他者から伝達される経験に補助され、限られた領域において必然性についての信念を形成するが、伝達される経験、そして自身の経験の程度に応じて、われわれが背後の規則性を想定する程度もまた変わってくる。

さて、ヒューム自身、このことを偶然の否定に関して明示的に主張しているわけではないが、ヒュームの言葉やヒューム哲学の体系自体にその手がかりをいくつか看取することができる。例えば、ヒュームが必然性の教説に言及する際、しばしば「普遍的に容認されている」が['tis universally acknowledg'd][T.2.3.1.3; Cf. E.8.4f]といった表現を用いる。ところで、この普遍性は、前節でみたように、われわれ一人一人がもつ人間本性から直接由来するものとはいえない。すると、この普遍的同意は、主体間の経験の伝播によって培われてきた、ヒュームや彼の同時代人による、必然性の教説の哲学的支持を示しているようにみえる。加えて、他者から伝達される必然性の教説に、観念説の存在論的根拠として懐疑的実在論が提示する、そしてまたヒューム自身が用いている生理学説も含まれると考えられる。例えばヒュームは、先行する学説から動物精気を知り[22]、それを自身の哲学に取り込んでいる[Cf. T.1.2.5.20]。この概念をヒューム哲学の観念として考える場合、ヒュームが単独で、印象を経由してそれを案出したとは考えられない。むしろヒューム自身も、上記の経験の枠組みから、教育を介して、先行する哲学者の体系の一部であるこの概念を信念として受容しているといえる。このことは、ヒューム哲学の存在論的側面が、やはり、信念をめぐる認識論的側面から考えられることを示しているだろう[23]。

それでは、他者性を含む経験から、偶然はどのように否定されることになるだろうか。存在論的視点

[22] ヒュームはある箇所で、自身の精神状況を（動物）精気に引き付けて述べている[Cf. L.3.13-7]。このことは、他者性を含む経験によってヒュームがこの概念を学んだことを示している。なお、ヒュームが動物精気を学んだ状況については、ライトが論じている[Cf. Wright 1983: 236]。

を取り入れるとしても、それを包括するような認識論的立場をとるかぎり、偶然の存在論的否定が保持する論理的整合性は望めない。したがって、偶然が世界に存在することは、存在論的には最後まで否定できない。ただ、個人的経験に他者の経験が介在することによって、われわれは、個人的経験にとどまる場合よりも容易に偶然の否定へと向かう。また、ヒューム自身、懐疑的実在論者が指摘するように、当時の決定論的傾向にある学問体系を信念として受け取ることで、偶然の否定へと至ったと考えられる。これは、ヒュームだけでなく、現代のわれわれ一般にも適用できる説明になるだろう。

ただし、同時に注意すべきであるが、他者を含む経験から偶然が否定される仕方が、ヒュームの本来の哲学的目的に則ったものであるかについての評価は、「人間本性」や「経験」といった概念が指すものの違いに応じて、揺らぐように思われる。第一に、すでに確認したように、偶然が否定される議論のなかでは、主観的に現れる知覚、そしてそれによる認識の正当化ではなく、他者から受け取る経験が重要なポイントであった。その意味で、ヒュームは、観念説にもとづく体系とは別の視点から偶然の否定を扱っており、それは人間本性の探求のためにとった観念説の方法には合致しないようにみえた。しかし一方、ヒュームによれば、人間は「理性的存在［reasonable being］」、「行為的存在［active being］」であると同時に「社交的存在［sociable being］」であり［Cf. E.1.6］、その本性のうちにすでに社交性ないし公共性が含まれている。その観点を加味すると、他者の言葉の軽信の例にもあるように、広義の「経験」には、他者による経験も間接的に入り込んでくることになり、「経験によって偶然が否定される」という主張も、端的に不合理なものとして退けることはできない。しかし第二に、偶然の否定に至るためには、われわれは、反省を通じて「理性的存在」である哲学者にならなければならない。そして、ヒュームが人間の三つのあり方を挙げた当の箇所で［Cf. E.1.6］、そしてテキストのいたるところで提示されるように、この理性的存在は、少なくとも人間の支配的な性質ではない。また仮に、ヒューム自身のように、あらゆる事象について必然性の教説を認める哲学者になりえたとしても、この態度は、日常場面から離れ、哲学者としての態度にとどまるときのみに有効である。この事情を踏まえると、ヒュームによる偶然の否定は、アーダルが指摘するように［Cf. Årdal 1966: 87］、一種の学問の探求のための方法論の様相を呈する。すなわち、自然現象であれ人間が関わる現象であれ、複雑、不規則にみえる現象に隠れた規則性を想定し、哲学者としてその因果性を探求していく態度が、偶然の否定の議論の背後に存しているのである。

第八節　おわりに

以上の議論を踏まえると、ヒュームが偶然を否定することに関しては、二通りの見方が可能である。第一に、われわれが哲学者として出来事の因果性を反省的に考える場合、他者の経験による信念に補助されつつ、徐々に偶然の存在の余地が失われていく過程が示される。この視点では、ヒュームの説明は認識論的であり、ヒューム哲学にとって適切に偶然は否定される。一方で、ヒュームの「偶然はこの世

［23］知覚しがたい動物精気が観念説の枠組みで扱われる余地については、例えば関係的観念［relative idea］、二種類の可知性による議論［Cf. Strawson 1992: 118–34］が参考になる。

界に存在しない」という言葉は、適切に正当化されるものではない。第二に、われわれが一般人として存在しているとき、偶然は、以上の主張にもかかわらず、「心を不偏にする」不規則性として、実際に存在するといえる。例えば、観念連合の「緩やかな」法則や想像力の自由、そしてわれわれの行為の無差別の自由が日常的な視点から語られるとき、実際にヒュームは偶然の存在を暗に認めているようにみえる。そして、この二つの立場の差異は、事実について向けられる関心と、隠れた原因の想定の程度によって隔てられる。

第六章における結論と並行しているが、ヒュームが「偶然は存在しない」と主張するのは、ヒュームが、もっぱら哲学者の視点に立って、世界を探求する態度を強く出しすぎたものだと評価できる。ヒュームはここで、一般人と哲学者の関係や、ヒューム哲学の本来の枠組みである観念説、そして人間本性の探求という目的から離れてしまっているように思われる。ただ同時に、本章の結果を踏まえると、ヒューム哲学の枠組みでわれわれの探究活動を描写するとき、われわれと他者が交じり合う領域が存在し、そこで知識の公共性と人間本性が折り合うということは、注目に値するだろう。この点には、主観的な観念説という枠組みだけでは語りえない人間のあり方を、あくまで人間本性に則りながら、考えるための足がかりとなるからである。しかしそのことを加味しても、人間本性に照らし合わせれば、ヒュームが偶然を否定する論理には、少々無理があると考えざるをえない。

結びにかえて

以上、「印象」概念の多義性や、「人間本性」に関わるヒューム哲学の方法について論じてきた。ここでは、本書での考察結果の展望、および補足を簡単に示しておきたい。

まず第一に、ヒュームのコピー原理を構成している先行原理が、類似原理に対して一種の優先をもっているということについてである。確かにヒュームは、色や味といった外的知覚については、類似原理と先行原理がともに適用されると考えている。これは、ヒュームによるコピー原理の適用例のなかでも、『本性論』、『知性研究』の両テキストにおいて初めに現れるものであり、コピー原理を提示する典型例となっている。ただ、そののち議論を展開するにあたり、ヒュームはさまざまな観念に、そして具体的な感覚や感じに対応するものをもつとはいえないような抽象観念に対しても、コピー原理を適用する。例えば、本書で扱った必然的結合の観念は、それ自体が関係の表象でなければならない以上、一種の抽象観念である。そしてヒュームは、その必然的結合の観念に対し、コピー原理にしたがい、その観念を生じさせる印象を求めた。しかし、本書第四章でみたように、この観念の場合、先行原理を適用することは可能である一方で、類似原理を厳密に適用することはできない。話を広げれば、これは関係一般、そして、感性的に現れない一切の知覚は――仮にヒューム哲学の枠組みで観念として扱いうるとすれば――

同様の印象‐観念の構造をとる必要があるように思われる。ヒューム哲学の枠組みにおいて、非現象的な認識対象を取り込みつつ、ヒューム哲学自体の整合性や目的を保持するためには、およそこの方策が合理的な選択肢の一つとなるだろう。

ただ、この解釈の図式は、色や味といった感性的な知覚にも適用できるかもしれない。ヒュームが、例えば青のような感性的なものの観念を扱うとき、その観念を特徴づけるにあたり、「淡い像」〔T.1.1.1.1; Cf. E.2.3〕、「印象を表象する」〔T.1.1.1.7〕、「印象に類似する」〔Cf. T.1.1.4〕といった表現を用いる。そしてとりわけ「印象に類似する」という表現は、コピー原理のなかでも類似原理に由来するもののようにみえる。ただ、「類似」であれ、もしくは「像」や「表象」であれ、こうした表現はいずれも、ある印象と観念の間に成立する一種の関係性の把握ないし想定が前提となっている。一方、本書第二章で論じたように、この種の関係の把握は、理性による介在を待たず、直観によって行われうる。具体的には、印象として知覚されている対象、それを成立させている種々の事情、そして必要であれば言葉を通じて、これらの間に成り立つ一定の関係を眺める視点が、類似の直観を通じて与えられる。すると、そもそも類似原理は、印象と観念が現象的内容を共有するという条件というよりも、われわれの感覚‐思考‐言語の関係性を把握するためのルールの一つとして、もっぱら主観的な印象‐像という関係以上のものを含んでいるようにみえる。例えば、青の印象が鮮明な青い色の知覚、青の観念がぼんやりとした青い色の知覚だとすれば、その二つの色が同じだということが「類似」なのではない。実際、色彩としては、この二つの色は違う色といったほうがいいだろう。そうではなく、二つの異なるグラデーションの青について、類似の観念を心にもつことを介在することで、この二つの知覚の類似の知覚が成立する。それとともに、この段階を経てはじめて、「青の観念」は成立するのである。このようにみることで、ヒュームのコピー原理についての従来の批判に対する一つの返答の論点が与えられる可能性がある。もちろん、この解釈によって、ヒューム哲学が首尾よく認識論上の難問から抜け出せるというにはほど遠い。例えばB・ラッセルが指摘するように［Cf. Russell 1946: 95f］、「類似」という関係がなぜわれわれに把握されるかについては、特にヒューム哲学のような経験論的な見方をする体系にとって、難問であり続ける。外的感覚や情念といった性格を第一義にもつ印象や観念によって、われわれが類似を把握する仕方を説明できているわけではないし、むしろヒュームはそれを前提として、観念説の論理の外部から持ち込んでいるからである。とはいえ、われわれ一人ひとりが主観に目を向け、そこで起きていることを内観的に確認し、それによって認識を正していこうとするヒュームの態度を思い起こすとき、必ずしもヒュームの観念説は、欠陥の多い、使い物にならないものだと考える必要はないと思われる。ただ、ここではさらなる詳細な議論の余裕はないため、示唆のみに留めておきたい。

第二に、ヒュームが用いた「人間本性」という概念がもつ、一種の多義性についてである。これまで確認してきたように、人間本性は、まずもって、一人の人間、ないしは一つの認識主体の常識的なあり方、原理を表している。そして、ヒュームが「一般人」と「哲学者」を対比させるとき、人間本性は、まさに一般人の側に立っている。そこで本書で論じたように、一般人の認識からかけ離れた主張、例えば無差別の自由や偶然の否定は、人間本性に立脚しないものとして考えられる。それゆえ、この点に関していえば、ヒュームの主張は誤っているといわざるをえない。一方、ヒュームが人間のさまざまなあり方を考慮に入れるとき、哲学者として探求活動を行う「理性的人間」は、一般人と対立するものではなく、人間の一つの部分的状態として描かれている。実際、ヒューム自身、哲学的探求に挫折して、日常生活にしばらく埋没したのち、再び哲学的探求へと舞い戻ることが自然に［naturally］行われると告白する［Cf. T.1.4.7.12］。すなわち、この箇所においては、人間本性という概念のなかに、理性的な探求を行う「哲学者」も含意されている［大槻 一九四九：一七七参照］。また、この意味における「哲学者」には、主観的世界の中心にいる個人としてのわれわれだけではなく、その世界の外側の他者の存在が暗黙裡に関わってくることになるが、この他者は、「わたし」自身の心がヒュームにとってそれ自体主観的に直接認識されないのと同様に［Cf. T.1.4.6］、印象や観念の知覚によって直接認識されるものではない。そしてもちろん、このことが意味しているのは、「わたし」や他者が存在しないということではなく、むしろ、印象と観念の体系である観念説の外に、それとは独立した論理空間があり、自己や他者の存在の認識は、むしろこちらで行われているということだと考えられる。ところで、このような事態は、ヒュームが、人間本性の探求を目的に定め、観念説の体系をその探求方法としながらも、その方法では回収されない人間の本性の側面を、改めて別の仕方によって捉え直そうとしていることを示している。それゆえ、人間本性と観念説の体系は、ヒュームにとって必ずしも不可分なものではなく、観念説とは独立に考えられた人間本性のなかには、単なる現象以上の存在や、その認識が含意されることもある。逆にいえば、ヒュームの観念説は、「人間は本来どのようなものであるか」という研究課題をこなすための方法であることには違いないが、ただそれだけがその唯一の方法であるわけではない。その意味でヒュームの観念説は、われわれ一人ひとりの世界をア・プリオリに構成するような原理ではなく、探求のための一種の道具であるともいえるのではないか。

かつて神野は、ポパーの言葉を借りつつ、ヒュームの因果論にもとづいて、人間の知識が「雨だれが石に穴を穿つように」、習慣的に形成されるのであれば、認識の合理性がわれわれによって改良されていく可能性について、悲観的にならざるをえないと論じた［神野 一九九六：iii-vi］。確かに、われわれ一人一人に与えられた本性的な因果推論の原理、そして主観的な経験のみでは、知識や学問の進歩についてヒューム哲学が提示しうる構図は、かなり限定的になるだろう。そして恐らく、この難点は、ヒューム哲学に限らず、およそ主観主義をとる哲学全般にあてはまる。人間の本性や本質を探るために一人の人間の主観に着目する方法は、もちろん有用ではある。しかしそれだけでは、多数の人間が交流した結果生じる社会的な要素を含む認識を説明することが難しくなる。とはいえ、人間本性のうちに他者の関わりが含まれ、そこからわれわれの「理性的人間」の側面が補助され、具体的な判断規則が樹立されていく過程が描かれうる場合、ヒューム哲学は、あくまで一人ひとりの内面に着目し、人間本性に則った方法をとりながらも、認識や学問の進歩を描写しうる体系であるように思われる。

【初出一覧】

本書各章の初出は以下の通りである。すでに発表したものについては、本書を執筆するにあたり、加筆、修正を行っている。

第一部第一章　「実定性」の問題――黒の認識をめぐって
『アルケー』第二三号、関西哲学会、二〇一五年内一二九-三九頁。
（ヒュームにおける「実定性」の問題―黒の認識をめぐって）

第一部第二章　ヒュームの関係理論再考――関係の印象は可能か
『イギリス哲学研究』第三九号、日本イギリス哲学会、二〇一六年内六七-八二頁。
（ヒュームの関係理論再考―関係の印象は可能か）

第二部第五章　ヒューム哲学における二つの「原因」
『人間存在論』第一九号、『人間存在論』刊行会、二〇一三年内四一-五四頁。
（デイヴィッド・ヒュームにおける二つの原因―原因の定義問題に即して）

第二部第六章　無差別の自由とヒューム哲学
『人間環境学』第二五号、人間・環境学研究科、二〇一六年内 六九-八〇頁。
（無差別の自由とヒューム哲学）

第二部第七章　ヒューム哲学と偶然の問題
『人間存在論』第二一号、『人間存在論』刊行会、二〇一五年内一二五-三八頁。
（ヒュームにおける「偶然」について）

他の章については、公開の方法、時期は未定。

【参考文献】

・参考文献は、本書で引用、参照したものに限る。
・日欧語文献は区別せず、アルファベット順に記載する。
・翻訳の際、原典に続いて挙げた邦訳を適宜参考にした。

①ヒュームのテキスト

Hume, David [2000], *A Treatise of Human Nature*, David Fate Norton and Mary J. Norton [eds], [Oxford: Oxford University Press].

(ヒューム、デイヴィド(大槻春彦訳)『人性論(一)-(四)』岩波書店、一九四八-五二年。
ヒューム、デイヴィッド(木曾好能訳)『人間本性論第一巻　知性について』法政大学出版局、二〇一一年。
ヒューム、デイヴィッド(石川徹・中釜浩一・伊勢俊彦訳)『人間本性論第二巻　情念について』法政大学出版局、二〇一一年。)

なお、大槻訳の訳注を参照するにあたり、[大槻 年号:頁]と略記し、また木曾訳の解説を参照するにあたり、[木曾 年号:頁]と略記した。

—— [2000], *An Abstract of a Book Lately Published, a Treatise of Human Nature*, in *A Treatise of Human Nature* [Oxford: Oxford University Press].

—— [1999], *An Enquiry concerning Human Understanding*, Tom L. Beauchamp [eds.], [Oxford: Oxford University Press].

(ヒューム、デイヴィッド(斎藤繁雄・一ノ瀬正樹訳)『人間知性研究　付人間本性論摘要』法政大学出版局、二〇〇四年。)

—— [1998], *An Enquiry concerning the Principles of Morals*, Tom L. Beauchamp [ed.], [Oxford: Oxford University Press].

(ヒューム、デイヴィッド(渡部峻明訳)『道徳原理の研究』哲書房、一九九三年。)

—— [1987], *Essays, Moral, Political, and Literary*, Eugene F. Miller [ed.], [Indianapolis: Liberty Fund].

(ヒューム、デイヴィッド(田中敏弘訳)『道徳・政治・文学論集』名古屋大学出版会、二〇一一年。)

—— [2009], *A Dissertation on the Passions, The Natural History of Religion*, Tom Beauchamp [ed.], [Oxford: Clarendon].
(ヒューム・デイヴィッド（渡部峻明訳）『情念論』、『人間知性研究・情念論』哲書房、一九九〇年内。)
(ヒューム、デイヴィッド（福鎌忠恕・斎藤繁雄訳）『宗教の自然史』法政大学出版局、二〇一一年。)
—— [2011], *The Letters of David Hume vol. 1*, J. Y. T. Greig [ed.], [Oxford: Oxford University Press].
—— [1964], *My Own Life, in The Philosophical Works*, T H. Green and T. H. Grose [eds.], vol. 3 [Aalen: Scientia Verlag].
(ヒューム、デイヴィッド（福鎌忠恕・斎藤繁雄訳）『自叙伝』『奇蹟論・迷信論・自殺論』法政大学出版局、一九八五年内、一四〇-五二頁。)

②その他の著作、邦訳

Anderson, Robert Fendel [1966], *Hume's First Principles*, [Nebraska: University of Nebraska Press].
Árdal, Páll S. [1966], *Passion and Value in Hume's Treatise*, [Edinburgh: Edinburgh University Press].
Aristotle [1975], *Aristotle, with an English Translation, The Metaphysics Books I-IX*, vol.17, [London: William Heineman LTD].
(アリストテレス（出 隆訳）『形而上学　上』岩波文庫、一九五九年。)
Armstrong, D. M. [1985], *What is a Law of Nature*, [Cambridge: Cambridge University Press].
Arnauld, Antoine & Nicole, Pierre [1964], *Logique de Port-Royal*, [Lille: Librairie René Giard].
Austin, J. L. [1964], *Sense and Sensibilia*, [Oxford: Oxford University Press].
(オースティン、J・L（丹治信春・守屋唱進訳）『知覚の言語　センスとセンシビリア』勁草書房、一九八四年。)
—— [1970], *Philosophical Papers*, J. O. Urmson and G. J. Warnock [eds.], [Oxford: Clarendon Press].
(オースティン、J・L（坂本百大監訳）『オースティン哲学論文集』勁草書房、一九九一年。)
Ayer, A. J. [1969], *The Foundations of Empirical Knowledge*, [London: Macmillan].

（エア、A・J（神野慧一郎・中才敏郎・中谷隆雄訳）『経験的知識の基礎』勁草書房、一九九一年。）
—— [1980], *Hume*, [Oxford : Oxford University Press].
Baille, James [2000], *Hume on Morality*, [London: Routledge].
Beattie, James [2000], *An Essay on the Nature and Immutability of Truth: In Opposition to Sophistry and Scepticism*, James Fieser [ed.], [Bristol: Thoemmes Press].
Beebee, Helen [2006], *Hume on Causation*, [New York: Routledge].
Berkeley, George [1949], The Works of George Berkeley, Bishop of Cloyne, 2 vol. A. A. Luce and T. E. Jessop [eds.], [London: Thomas Nelson].
（バークリ、ジョージ（大槻春彦訳）『人知原理論』岩波書店、一九五八年。）
Blackburn, Simon [2000], "Hume and Thick Connexions" Rupert Read and Kenneth A. Richman [eds.], *The New Hume Debate*, [London: Routledge], pp.100–13.
Botterill, George [2002], "Hume on Liberty and Necessity" Peter Millican [ed.], *Reading Hume on Human Understanding: Essays on the First Enquiry*, [Oxford: Clarendon Press], pp.277–300.
Boutroux, Émile [1895], *De la Contingence des Lois de la Nature* [Paris: Félix Alcan].
（ブートルー、エミール（野田又夫訳）『自然法則の偶然性』創元社、一九四五年。）
Broughton, Janet [1987], "Hume's Ideas about Necessary Connection" *Hume Studies*, John W. Davis [eds.], vol. XIII, number 2, pp.217–244.
Chappell, Vere [ed.] [1999], *Hobbes and Bramhall on Liberty and Necessity* [Cambridge: Cambridge University Press].
Costa, Michael [1998], "Hume on the Very Idea of a Relation" *Hume Studies*, vol. 24, no. 1, pp.71–94.
Descartes, René [1964], *Œuvres de Descartes VII*, Charles Adam & Paul Tannry [eds.], [Paris: Vrin].
（デカルト、ルネ（所 雄章訳）『省察』、『デカルト著作集2』白水社、二〇〇一年内。）
—— [1967], *Œuvres de Descartes XI*, Charles Adam & Paul Tannery [eds.], [Paris: Vrin].

（デカルト、ルネ（花田圭介訳）『情念論』、『デカルト著作集3』白水社、二〇〇一年内。）
—— [1973], *Œuvres de Descartes VI*, Charles Adam & Paul Tannry [eds.], [Paris: Vrin].
（デカルト、ルネ（青木靖三・水野和久訳）『屈折光学』、『デカルト著作集1』白水社、二〇〇一年内。）
Everson, S. [1988], "The Difference between Feeling and Thinking" *Mind: A Quarterly Review of Philosophy*, Simon Blackburn [ed.], vol. XCVII, no. 387, pp.401–14.
Flage, Daniel E. [1981], "Hume's Relative Ideas" *Hume Studies*, John W. Davis [eds.], vol. VII, number 1, pp. 54–73.
—— [1982], "Relative Ideas Revisited: a Reply to Thomas" *Hume Studies*, John W. Davis [eds.], vol. VIII, no.2, pp.157–71.
—— [1990], *David Hume's Theory of Mind*, [London: Routledge].
—— [2000], "Relative Ideas Re-viewed" *The New Hume Debate*, Rupert Read & Kenneth A. Richman [eds.], [Routledge, London], pp.138-55.
Flew, Anthony, [1986], *David Hume: Philosopher of Moral Science*, [Oxford: Basil Blackwell].
—— [1997], *Hume's Philosophy of Belief: A Study of his First Inquiry*, [Bristol: Thoemmes Press].
Frege, Gottlob [1988], *Die Grundlagen der Arithmetik*, [Hamburg: Felix Meiner Verlag].
（フレーゲ、ゴットロープ（三平正明・土屋 俊・野本和幸訳）『算術の基礎』、フレーゲ著作集2（野本和幸・土屋 俊編）勁草書房、二〇〇一年内。）
Garrett, Don [2002], *Cognition and Commitment in Hume's Philosophy* [Oxford: Oxford University Press].
—— [2005], "Introduction" in Kemp Smith, Norman [2005].
—— [2009], "Hume" *The Oxford Handbook of Causation* [Oxford: Oxford University Press].
Gotterbarn, D. [2002], "Hume's Two Lights on Cause" *David Hume Critical Assessment*, vol.3, [London: Routledge], pp.386–90.
Green, T. H. [1992], "General Introduction" in *A Treatise of Human Nature*, T H. Green and T. H. Grose [eds.] vol. 1 [Aalen: Scientia Verlag].

Hacking, Ian [1990], *The Taming of Chance* [Cambridge: Cambridge University Press].（ハッキング、イアン（石原英樹・重田園江訳）『偶然を飼いならす—統計学と第二次科学革命』木鐸社、一九九九年。）
Harre, R. and Madden, E. H. [1975], *Causal Power: A Theory of Natural Necessity* [Oxford: Basil Blackwell].
Harris, James A. [2005], *Of Liberty and Necessity: The Free Will Debate in Eighteenth-Century British Philosophy*, [Oxford: Clarendon].
林誓雄『襤褸を纏った徳　ヒューム　社交と時間の倫理学』、京都大学学術出版会、二〇一五年。
Hearn, Thomas K. Jr. [1970], ""General Rules" in Hume's Treatise" *Journal of the History of Philosophy*, no.4, [Berkeley, Los Angeles, and London: University of California Press], pp.405–22.
Home, Henry [1993], *Essays on the Principles of Morality and Natural Religion*, [London: Routledge/Thoemmes Press].
Hutcheson, Francis [2004], *An Inquiry into the Original of Our Ideas of Beauty and Virtue*, [Indianapolis: Liberty Fund].
（ハチスン、F（山田英彦訳）『美と道徳の起源』玉川大学出版部、一九八三年。）
Huxley, Thomas H. [2001], *Hume: with Helps to the Study of Berkeley*, [Bristol: Thoemmes Press].
泉谷周三郎『ヒューム』イギリス思想叢書5、研究社出版、一九九六年。
Jacquette, Dale [2001], *David Hume's Critique of Infinity*, [Leiden, Brill].
Kail, P. J. E. [2007], *Projection and Realism in Hume's Philosophy*, [Oxford: Oxford University Press].
神野慧一郎「観念説とヒュームの心の哲学」『人文研究』大阪市立大学文学部紀要、第四五巻、第三分冊、大阪市立大学文学部、一九九三年内、一一–二八頁。
——『モラル・サイエンスの形成—ヒューム哲学の基本構造』名古屋大学出版会、一九九六年。
——『ヒューム研究』ミネルヴァ書房、一九九八年。
Kant, Immanuel [1998], *Kritik der Reinen Vernunft*, [Hamburg: Felix Meiner].
（カント、イマヌエル（石川文康訳）『純粋理性批判　上』筑摩書房、二〇一四年。）

（引用の際、慣例にならい、A版とB版の頁数を記した。）
Kemp Smith, Norman [1905a], "The Naturalism of Hume [I.]" *Mind*, vol. 14, no. 54, pp.149-73.
—— [1905b], "The Naturalism of Hume [II.]" *Mind*, vol14, no.55, pp.335-47.
—— [2005], *The Philosophy of David Hume: A Critical Study of Its Origins and Central Doctrines*, [New York: Palgrave Macmillan].
九鬼周造（坂部 恵編）『偶然性の問題・文芸論』燈影舎、二〇〇〇年。
久米 暁『ヒュームの懐疑論』岩波書店、二〇〇五年。
Laird, John [1983], *Hume's Philosophy of Human Nature*, [New York: Garland Publishing Inc.].
Locke, John [1979], *An Essay concerning Human Understanding*, Peter H. Nidditch [ed.], [Oxford: Oxford University Press].
（ロック、ジョン（大槻春彦訳）『人間知性論（一）-（四）』）岩波書店、一九七二-七年。）
Loeb, E. Louis [2005], *Stability and Justification in Hume's Treatise* [Oxford: Oxford University Press].
ルクレーティウス（樋口勝彦訳）『物の本質について』岩波書店、一九六一年。
Macnabb, D. G. C. [1991], *David Hume, His Theory of Knowledge and Morality* [Vermont: Gregg Revivals].
松枝啓至「第三省察における観念の「質料的虚偽」」、『人間存在論』第一九号、『人間存在論』刊行会、二〇一三年内、二九-四〇頁。
Mill, John Stuart [2006], *Collected Works of John Stuart Mill*, vol. VII [Liberty Fund: Indianapolis].
（ミル、J・S（大関将一訳）『論理学体系I』春秋社、一九四九年。）
Mounce, H. O. [1999], *Hume's Naturalism*, [London: Routledge].
Murray, James A. H. et al. [eds.], *Oxford English Dictionary*, 2 edition, [Oxford: Clarendon Press].
Noonan, Harold, W. [1992], *Hume on Knowledge* [London: Routledge].
Norton, David Fate [1982], *David Hume: Common-Sense Moralist, Sceptical Metaphysician*, [Prinston: Prinston University Press].

野内良三『「偶然」から読み解く日本文化』大修館書店、二〇一〇年。
Owen, David [1999], *Hume's Reason,* [Oxford: Oxford University Press].
Passmore, J. A. [1952], *Hume's Intentions,* [London: Cambridge University Press].
Pears, David [1990], *Hume's System* [Oxford: Oxford University Press].
Penelhum, Terence [2000], *Themes in Hume: The Self, the Will, Religion,* [Oxford: Clarendon].
Plato, [1914], *Plato, with an English Translation, Euthyphro, Apology, Crito, Phaedo, Phaedrus,* vol. 1 [London: William Heinemann LTD].
（プラトン（岩田靖夫訳）『パイドン』岩波書店、一九九八年。）
Prichard, H. A. [1950], *Knowledge and Perception: Essays and Lectures,* [Oxford: Clarendon Press].
Quine, W. V. [1981], *Theories and Things,* [Massachusetts: Harvard University Press].
Reid, Thomas [1997], *An Inquiry into the Human Mind on the Principles of Common Sense,* Derek R. Brookes [ed.], [Edinburgh: Edinburgh University Press].
（リード、トマス（朝広謙次郎訳）『心の哲学』知泉書館、二〇〇四年。）
—— [2002], *Essays on the Intellectual Powers of Man,* Derek R. Brookes [ed.], [Pennsylvania: The Pennsylvania State University Press].
Richards, T. J. [2002], "Hume's Two Definitions of 'Cause'" *David Hume Critical Assessment,* vol.3, [London: Routledge], pp.372–80.
Robinson, J. A. [2002a], "Hume's Two Definitions of 'Cause'" *David Hume Critical Assessment,* vol.3, [London: Routledge], pp.361–71.
—— [2002b], "Hume's Two Definitions of "Cause" Reconsidered" *David Hume Critical Assessment,* vol.3, [London: Routledge], pp.381–5.
Russell, Bertrand [1946], *The Problems of Philosophy,* [London: Oxford University Press].
（ラッセル、バートランド（高村夏輝訳）『哲学入門』筑摩書房、二〇〇五年。）

—— [1961], *History of Western Philosophy and its Connection with Political and Social Circumstances from the Earliest Times to the Present Day,* [London: George Allen & Unwin].
（ラッセル、バートランド（市井三郎訳）『西洋哲学史—古代より現代に至る政治的・社会的諸条件との関連における哲学史』みすず書房、一九六九年。）
—— [1963], *Mysticism and Logic and Other Essays* [London: Unwin Books].
Russell, Paul [1995], *Freedom & Moral Sentiment: Hume's Way of Naturalizing Responsibility,* [Oxford: Oxford University Press].
Ryle, Gilbert [2000], *The Concept of Mind,* [Chicago: The University of Chicago Press].
（ライル、ギルバート（坂本百大他訳）『心の概念』みすず書房、一九八七年。）
Sellars, Wilfrid [1997], *Empiricism and the Philosophy of Mind,* [Massachusetts: Harvard University Press].
（セラーズ、ウィルフリド（浜野研三訳）『経験論と心の哲学』岩波書店、二〇〇六年。）
Spinoza, Baruch [1972], Spinoza Opera vol. 2, Carl Gebhardt [ed.], [Heidelberg: Carl Winter Universitätsverlag].
（スピノザ、バールーフ（畠中尚志訳）『エチカ—倫理学　上』岩波書店、一九五一年。）
Stjernberg, Fredrik [2009], "Strawson's Descriptive Metaphysics –Its Scope and Limit", *Organon F,* Marián Zouhar [ed.] vol.16, no.4, pp.529-41.
Strawson, Galen [1992], *The Secret Connexion, Causation, Realism, and David Hume,* [Oxford: Clarendon Press].
Strawson, Peter F. [1959], *Individuals: An Essay in Descriptive Metaphysics,* [London: Methuen].
（ストローソン、P・F（中村秀吉訳）『個体と主語』みすず書房、一九七八年。）
—— [1982], "Freedom and Resentment" Gary Watson [ed.], *Free Will,* [Oxford: Oxford University Press], pp.59-80.
ストローソン、ピーター（法野谷俊哉訳）「自由と怒り」、『自由と行為の哲学』、春秋社、２０１０年内。
Stroud, Barry [1981], *Hume* [London: Routledge & Kegan Paul].
Toland, John [1999], *Nazarenus, Justin Champion* [ed.], [Voltaire Foundation: Oxford].
鵜殿 慧「ヒュームによる「原因」の「定義」」、『イギリス哲学研究』第三四号、日本イギリス哲学会、二〇一四年、一九－三四頁。
Waxman, Wayne [2008], "Hume and the Origin of Our ideas of Space and time" *A Companion to Hume*, Elizabeth S. Radcliff [ed.], pp.72–88.
Whitehead, Alfred North [1978], *Process and Reality: An Essay in Cosmology*, David Ray Griffin and Donald W. Sherburne [eds.], [New York: The Free Press].
Wollaston, William [1746], *The Religion of Nature Delineated* [Glasgow: R. Urie and Company].
Wright, John, P. [1983], *The Sceptical Realism of David Hume* [Manchester: Manchester University Press].
Zabeeh, Farhang [1960], *Hume, Precursor of Modern Empiricism*, [Hague: Martinus Nijhoff].

ノートン, D. F.（Norton, D. F.） 71

は行

バークリ, G.（Berkeley, G.） 4, 7, 23
ハーン, T. K. Jr（Hearn, T. K. Jr） 121, 133
ハクスリー, T. H.（Huxley, T. H.） 57, 65
パスモア, J. A.（Passmore, J. A.） 49, 135
ハチスン, F.（Hutcheson, F.） 69
ハッキング, I.（Hacking, I.） 171
林　誓雄 61
ハレ, R.（Harre, R.） 103
ビーティ, J. 3, 68
ブートルー, E.（Boutroux, E.） 183
ブラックバーン, S.（Blackburn, S.） 185
プラトン（Plato） 49, 179
ブラムホール, J. 169
プリチャード, H. A.（Prichard, A.） 21, 35, 49
フリュー, A.（Flew, A.） 21, 149, 155, 157, 163
フレイグ, D. E.（Flage, D. E.） 21, 35, 48, 51
ブロートン, J.（Broughton, J.） 103
ペアーズ, D.（Pears, D.） 93, 94, 100, 101, 113
ベイル, J.（Baille, J.） 65, 79
ペネラム, T.（Penelhum, T.） 160
ボッテリル, G.（Botterill, G.） 157
ホッブズ, T. 99, 169
ホワイトヘッド, A. N.（Whitehead, A. N.） 93

ま行

マウンス, H. O.（Mounce, H. O.） 9, 67, 68, 70-74, 81, 82, 84, 88, 93
マクナブ, D. G. C.（Macnabb, D. G. C.） 181
松枝啓至 33
マッデン, E. H.（Madden, E. H.） 103
マッハ, E. 14
マルブランシュ, N. 184
ミル, J. S.（Mill, J. S.） 57

ら・わ行

ライト, J. P.（Wright, J. P.） 21, 31, 184, 185, 191
ライル, G.（Ryle, G.） 61
ラッセル, B.（Russell, B.） 4, 127, 175, 197
ラッセル, P.（Russell, P.） 167
リード, T.（Reid, T.） 3, 19, 21, 68, 69, 126, 127
リチャーズ, T. J.（Richards, T. J.） 121, 123
ルクレティウス 173
ルソー, J. 2
レアード, J.（Laird, J.） 93
ローブ, E. L.（Loeb, E. L.） 81
ロック, J.（Locke, J.） 4, 7-8, 10, 24-26, 28-32, 35, 43, 53, 61, 83, 99, 109-113
ロビンソン, J. A.（Robinson, J. A.） 121, 123
ワックスマン, W.

人名索引

さ行

た行

事項索引

著者紹介
豊川祥隆（とよかわ　よしたか）
1985年　新潟県生まれ
2009年　京都大学総合人間学部卒業
2016年　京都大学大学院人間・環境学研究科博士課程修了
現在，京都看護大学非常勤講師，京都大学大学院人間・環境学研究科研究員
共著に『哲学をはじめよう』（ナカニシヤ出版，2014年），論文に「ヒュームにおける「実定性」の問題――黒の認識をめぐって」（『アルケー』，2015年）「ヒュームの関係理論再考――関係の印象は可能か」（『イギリス哲学研究』，2016年）がある。

ヒューム哲学の方法論
印象と人間本性をめぐる問題系

2017年3月31日　初版第1刷発行　（定価はカヴァーに表示してあります）

著　者　豊川祥隆
発行者　中西健夫
発行所　株式会社ナカニシヤ出版
〒606-8161　京都市左京区一乗寺木ノ本町15番地
Telephone　075-723-0111
Facsimile　075-723-0095
Website　http://www.nakanishiya.co.jp/
E-mail　iihon-ippai@nakanishiya.co.jp
郵便振替　01030-0-13128

装幀＝白沢　正／印刷・製本＝創栄図書印刷

ISBN978-4-7795-1126-4